Manfred Mohr
Die Kunst der Leichtigkeit

MANFRED MOHR

Die Kunst der Leichtigkeit

Das Vermächtnis von
Bärbel Mohr

Allegria

Allegria ist ein Verlag der Ullstein Buchverlage GmbH
Herausgeber: Michael Görden

ISBN 978-3-7934-2217-4

© 2011 by Ullstein Buchverlage GmbH, Berlin
Lektorat: Marita Böhm
Umschlaggestaltung: FranklDesign, München
Titelabbildung: Fotolia / Manfred Mohr
Satz: Keller & Keller GbR
Gesetzt aus Baskerville
Druck und Bindearbeiten:
CPI-Clausen & Bosse, Leck
Printed in Germany

Inhalt

Einleitung 7

1 Die Freude am Schreiben 11
2 Vom »Sonnenwind« zu den »Bestellungen beim Universum« 21
3 Biolek und die breite Öffentlichkeit 31
4 Bärbel und ich 41
5 Kinder 51
6 Love and Logic 59
7 Beziehungsleben 69
8 Vorträge und Seminare 79
9 Wenn das Schreiben im Blut liegt 89
10 Wie es mit den Büchern weiterging 99
11 Barbel in England 107
12 Die Rolle der Gefühle beim Bestellen 115
13 Hoppen 121
14 Innen wie außen 135
15 Zweisam statt einsam 145
16 Das Beste im anderen sehen 159
17 Coach für positive Realitätsgestaltung 165
18 Neue Lösungen für eine neue Welt 173

19 Bestellungen aus dem Herzen 179
20 Das Wunder der Selbstliebe 185
21 Das Bestellen entwickelt sich weiter 195
22 Warum bist du gegangen 201
23 Ein paar Gedanken zum Schluss 215

Anhang 1 Ein letztes Interview zum
Bestellen 219
Anhang 2 Warum die Geschichte
»Rabenvaterschnuller-
befestigungsanlage« heißt 243

Veröffentlichungen von
Bärbel Mohr und Manfred Mohr 250

Ein-
leitung

Sei dir sicher, dass das Leben dir nur Aufgaben gibt, die du auch lösen kannst. Wenn du große Probleme hast, bedeutet das, dass du auch große Kräfte hast, um diese Probleme zu lösen. Bedingungslose Liebe zu dir selbst entfaltet diese Kräfte.

Bärbel

Es war lange Zeit ein Running Gag zwischen Bärbel und mir, dass ich ihr immer wieder vorschlug, doch endlich mal ihre Biografie zu schreiben. Aus meiner Sicht gab es so viele Dinge in ihrem Leben, die für viele Menschen interessant sein können und somit wert, aufgeschrieben zu werden. Viele der Begebenheiten in ihrem Leben hat sie ja auch immer wieder selbst in ihren Büchern auf ihre besondere und einfühlsame Art dargestellt.

Meistens hat sie dann gelacht und gemeint, sie sei doch noch viel zu jung für so etwas. Biografien schreiben doch eher Menschen, die schon auf die Rente zugehen. Damals war sie um die 40.

So ist es nun an mir, eine Art Biografie über sie zu verfassen. Gleich in der ersten Zeit nach ihrem Tod spukte die Idee für solch ein Buch immer wieder in meinem Kopf herum. Und schließlich gab ich dem Impuls einfach nach und schrieb auf, was sowieso schon da war. Für mich war das Schreiben dabei sicher auch ein Stück weit Therapie und Aufarbeitung dieser Zeit.

Ich wünsche mir, euch mitnehmen zu können in das Jahrzehnt, das ich mit Bärbel teilen durfte. Diese Zeit beginnt mit dem großen Erfolg ihres ersten Buches, »Bestellungen beim Universum«. Ich durfte miterleben, wie sie zur Bestsellerautorin wurde, mit nunmehr weltweit etwa 2,5 Millionen verkaufter Bücher. Ihre Produktivität war scheinbar grenzenlos, und es gab noch viele Projekte und Ideen, die sie nun leider nicht mehr verwirklichen kann.

Neben der Arbeit als Autorin war dieses gemeinsame Jahrzehnt auch geprägt durch unsere beiden gemeinsamen Kinder, unsere Aufgabe als Eltern und die Gründung unserer kleinen Familie. Auch auf diese Aspekte möchte ich näher eingehen. So bekannt Bärbel als Autorin war, so unbekannt sind doch viele ihrer Qualitäten im Umgang mit Kindern und im täglichen Miteinander.

Schließlich möchte ich auch auf einige Fragen eingehen, die sicherlich viele ihrer Leser im Rahmen ihres Fortgehens bewegen. Natürlich kann ich dabei nur meine subjektive Sicht der Dinge wiedergeben.

In gewisser Weise habe ich dieses Buch auch mit ihr gemeinsam geschrieben. Denn in jedem Kapitel sind immer wieder Passagen unveröffentlichter und weitgehend noch wenig bekannter Texte von Bärbel selbst eingeflochten. So kann Bärbel auch hier ein Stück weit selbst zu Wort kommen.

Das Wichtigste aber, was sich durch dieses Buch wie auch Bärbels Leben gezogen hat, ist ihre Lebenseinstellung. Zum einen ist sie beschrieben in ihrem Satz: »Die Wahrheit, sie muss einfach sein.« Immer, ihr ganzes Leben, war sie auf der Suche nach der Wahrheit. Und kaum ein Autor war wie sie auch in der Lage, ihre eigene Wahrheit für ihre Leser allgemein verständlich und klar zu formulieren. Eigentlich wurde sie nur aus diesem Grund Autorin: aus Freude, ihr Wissen an andere Menschen weiterzugeben.

Zum anderen war ihr Leben geprägt von einer inneren Erkenntnis, die sie so ausdrückte: »Ich bin jemand, der sich nicht gern so doll anstrengt. Darum sollte für mich alles leicht sein ...« Und so war es auch: Sie schrieb ihre Bücher mit sprühender Feder, sie lernte Menschen auf spontane Art kennen, ihr Erfolg flog ihr scheinbar nur so zu. Vielleicht gerade darum. Diese Leichtigkeit war der bestimmende Teil in ihrem Wesen, und ich wünsche mir, dass sie auch in die Zeilen dieses Buches mit eingeflossen ist. Bärbel hätte es sich so gewünscht.

Viel Freude und Leichtigkeit beim Lesen wünscht

Manfred Mohr

1
Die Freude am Schreiben

Lass dich von der Natur inspirieren! Beobachte die Tiere, die Bewegung von Blättern im Wind und umarme Bäume. Stell dir dabei vor, dass die Kraft, die all das geschaffen hat, auch in dir steckt und nur darauf wartet, für deine eigenen Schöpfungen genutzt zu werden.

Bärbel

$\mathcal{D}$ie Kunst des Wortes war Bärbel sicher nicht von Anbeginn an mit in die Wiege gelegt worden. Nein, im Gegenteil, sie selbst glaubte von sich noch während der Schulzeit, im Schreiben eher eine Schwäche zu haben. Sie begann darum erst spät, so um die 30, mit ihrer Autorentätigkeit. Bis dahin war sie als freie Fotografin und Grafikerin tätig.

Nach dem Abitur in Wiesbaden hatte sie nicht so recht Lust auf ein Studium. Sie zog nach München und begann, sich als Fotografin zu betätigen. Ihr damaliger Lebenspartner arbeitete im selben Metier, und Bärbel konnte darum von der Pike auf lernen. Später kam Bärbel über eine Freundin zur Bild- und Textgestaltung und brachte sich selbst die notwendigen Grafikanwendungsprogramme bei. Schnell hatte sie einen kleinen Kreis von Kunden, für die sie Magazine und Werbeflyer gestalten durfte.

Zeit ihres Lebens war sie selbstständig und nur etwa ein halbes Jahr lang in einer festen Anstellung. Eher aus Versehen, wie sie mal sagte. Denn der normale Tagesrhythmus einer Festanstellung behagte ihr nicht, sie brauchte mehr Freiheiten für ihr tägliches Leben. Das frühe Aufstehen war weniger ihre Sache, lieber arbeitete sie auch mal in die Nacht hinein.

Wie kam Bärbel dann überhaupt zum Schreiben?

Lassen wir sie doch selbst zu diesem Thema zu Worte kommen (aus: »Das Wunder der Selbstliebe«, 2011):

»Ich schreibe, seit ich aus der Schule raus bin und zehn Jahre nichts geschrieben habe, extrem ungehobelt. Jegliche Kenntnisse von Rechtschreibung oder Kommasetzung sind mir völlig entfallen. Deshalb hätte ich nie geglaubt, dass aus mir mal eine Autorin werden könnte. Getröstet hat mich, als mir eine Chefredakteurin einer großen Frauenzeitschrift einmal einen Interviewtext zugemailt hat, der noch nicht lektoriert war. Ich war begeistert, denn sie machte mindestens genauso viele Fehler wie ich. Seitdem weiß ich, dass ich nicht die Einzige bin, die ohne geschliffenen Stil vom Schreiben lebt. Ich kann mir die Rechtschreibregeln einfach nicht merken. Das ist eine meiner Schwächen. Und doch – gleichzeitig liegt hier auch eine Stärke von mir.

Auch vielen erfolgreichen Rednern geht es so, dass sie als junge Menschen unfähig waren, auch nur einen Pieps herauszubringen, sobald mehr als drei Menschen zugehört haben. Bei meinem ersten Vortrag waren 14 Zuhörer anwesend, und ich habe vorher vor Aufregung eine Flasche Baldriansaft getrunken. Ich hätte damals nie vermutet, dass mir das Reden eines Tages sogar Spaß machen würde.«

Oft denken Menschen, vielleicht auch du, lieber Leser, bestimmte Fähigkeiten rein gar nicht zu besitzen. Und doch – vielleicht liegt in der scheinbaren Schwäche gerade dein Schatz verborgen. Für mich persönlich habe ich die Sichtweise entwickelt, dass mein Lebensweg mich dazu herausfordert, bestimmte Eigenschaften zu entwickeln. Da sind Unebenheiten, Löcher, da liegen Steine auf dem Weg. Beim Ausbessern der Fahrbahn lerne ich darum, mit Schaufel und Hacke umzugehen. Beim Wegräumen der Steine entwickle ich Kraft und Stärke. Wäre mein Lebensweg glatt, eben und perfekt, würde ich nur so dahingleiten auf meinem Weg. Ohne die Möglichkeit, mich selbst und meine Fähigkeiten zu entdecken.

Der Grund für Bärbel, mit dem Schreiben überhaupt anzufangen, war auch eher pragmatisch. Im Laufe der Zeit interessierte sie sich immer mehr für neue Themen aus dem Bereich der Lebensführung, Esoterik und Spiritualität. Und sobald sie Freunde und Bekannte traf oder mit ihnen telefonierte, sprudelte das neue gesammelte Wissen nur so aus ihr heraus. Das war ein- oder zweimal auch ganz spannend, beim fünften Bekannten jedoch fing ihre eigene Erzählung an, sie selbst zu langweilen. Deshalb begann sie, die gesammelten und recherchierten Erkenntnisse aufzuschreiben und als Kopien an ihre Freunde weiterzuleiten: als Brief, als Mail oder bei einem persönlichen Treffen mit ihnen.

Ihre Freunde waren unisono begeistert. In den 90er-Jahren war die Welt voller neuer Ideen, die Bioläden schossen aus dem Boden, und die Esoterik begann mehr und mehr, Raum in den Köpfen der Menschen einzunehmen. Schnell wurden Bärbels kleine Essays weiterkopiert und erreichten bald eine ganz beachtliche Anzahl von Interessenten. Die Leser wussten nun aber selbst eine ganze Menge Wissenswertes, und so ergab sich bald ein reger Austausch von Neuigkeiten zwischen Bärbel und ihrer Leserschaft.

Ein Netzwerk war entstanden. Leser wurden zu Informanten, Informanten zu Lesern. Der Austausch zwischen Bärbel und ihren alten und auch vielen neuen Bekannten wurde immer angeregter und intensiver.

Irgendwann nach kurzer Zeit begann der Zustrom an Informationen aber so groß zu werden, dass Bärbel die einzelnen Artikel bündelte, um ein kleines Heft daraus zu machen. »Copy me« stand ganz groß auf dem Titelbild, als Aufforderung, jeden Käufer zu ermuntern, das Heft auch als kopierte Form an andere weiterzugeben. Die erste kleine eigene Zeitschrift von Bärbel war geboren. Das war um das Jahr 1995 herum. Sie erschien unregelmäßig, wurde mit den Jahren immer dicker, und die Themenvielfalt nahm stetig zu.

Hier ist bereits das erste kleine Geheimnis von Bärbels Erfolg zu finden. Sie folgte ihrer Freude, Menschen mit Informationen zu versorgen, die für deren Leben hilfreich und nützlich sein konnten. Sie erkannte, aha, guck mal, diese Erkenntnis hat mir persönlich sehr viel weitergeholfen. Also wird sie sicher auch für andere Menschen hilfreich sein können. Darum gebe ich sie an andere weiter. Vielleicht hilft es ihnen ja auch ein Stück.

Und diese Freude war auch für alle Freunde und Abonnenten der neuen Zeitschrift spürbar. Jeder ihrer Sätze war durchtränkt von dieser Begeisterung, Neues zu entdecken, daran zu reifen und zu wachsen, und dem überwältigenden Wunsch, dass alle anderen Menschen in ähnlicher Art auch ihren persönlichen Nutzen aus dieser Information ziehen können. Da war eine große Selbstlosigkeit, eine Liebe zu den Menschen in ihr, die sie antrieb, immer mehr Wissen zu sammeln und ihr Netzwerk immer größer werden zu lassen.

Bei der Recherche für dieses Buch fiel mir im Keller das Editorial des zweiten Heftes »Copy me« in die Hände. Es beschreibt sehr anschaulich, mit welchen Problemen das Magazin zu dieser frühen Zeit zu kämpfen hatte:

Die Freude am Schreiben 17

»Liebe Leser, liebe Freunde (das ist dasselbe, die einen sind halt Freunde, die ich noch nicht persönlich kenne ...). Hier ist die zweite Auflage meiner Zeitschrift. Ich habe sie umbenannt in ›Sonnenwind‹, weil bei ›Copy me‹ zu oft eine Kopiershop-Zeitschrift assoziiert wurde. Der ›Sonnenwind‹ verbreitet aber genauso wie ›Copy me‹ wieder sonnige Informationen in Windeseile!! Und ihr, liebe Leser, dürft und sollt wieder kopieren, so viel ihr wollt.

Wenn ein Artikel dabei ist, den ihr gern weitergeben wollt oder der eine wertvolle Information für einen Freund oder Bekannten darstellen könnte – einfach kopieren und weitergeben. Ich würde mich freuen.

Vielen Dank für die Spenden und Sonderzahlungen, ohne die Heft 2 vielleicht gar nicht entstanden wäre. Aber die Natur hat die Ausgabe 2 ebenfalls in Form einer Auftragsflaute unterstützt, die genau so lang andauerte, wie ich zum Schreiben und Produzieren des Heftes brauchte. Ich arbeite freiberuflich für verschiedene Verlage. Ansonsten produziere ich das Heft in ›kreativen Nächten‹ oder an ›verregneten Wochenenden‹. Zu meiner großen Freude hat der Verlag ›Brennpunkt neue Erde‹ den Druck und Vertrieb des Heftes übernommen. Ich sah mich schon im Hausflur den Versand managen, denn in meiner kleinen Wohnung bringe ich niemals so viele

*Hefte unter. Vielen Dank auch an andere freundliche
Menschen, die mir bei der Druckfinanzierung geholfen haben – wenn das so weitergeht, wird es noch
viele, viele Ausgaben vom ›Sonnenwind‹ geben.«*

Bärbel hat sich darum ihren Erfolg sicher nicht
»bestellt«. Sie war nicht an Profit interessiert,
eher an der reinen Weitergabe von Erfahrungen
und Wissen. Sie war die geborene Netzwerkerin
und verstand es wie kaum eine Zweite, einen le-
bendigen Austausch zwischen Informanten und
Lesern herzustellen. Ihre Begeisterung für neues
Wissen war so unermesslich groß, dass jeder Leser davon angesteckt wurde. Eigentlich war es
diese Freude, diese kindliche Neugier, die Offenheit für andere Sichtweisen, die Basis und Grund-
lage ihres Erfolgs bildete.

MEINE ERINNERUNG, DIE AM HÄUFIGSTEN
AUFTAUCHT: Bärbel sitzt in ihrem Büro, am
Schreibtisch, und grinst über beide Backen.
Die Finger fliegen über die Tastatur, der Blick
ist versunken und völlig beseelt. Die Gedanken und Sätze sprudeln nur so aus ihr heraus.
Da ist kein Nachdenken, kein Zögern, nur ein
einziger nicht enden wollender Fluss von Inspiration, der nicht aufhört und der schier unermesslich ist. Sie schaut kurz auf, lächelt freundlich, und ich gehe langsam wieder aus dem

Zimmer. Denn ich weiß, jetzt ist Zeit zu schreiben. Eine Störung würde diesen Fluss unterbrechen, der so in dieser Weise nicht mehr wiederkommen wird.

Bärbel konnte stundenlang so sitzen und vergaß dabei Zeit und Raum. Das war ihre Form von Versunkenheit, vom Einssein mit dem Jetzt und Hier. Sie war dann ganz erfüllt vom Schreiben.

Die Kunst der Leichtigkeit

Viele Menschen denken, Bärbels Erfolg sei über Nacht entstanden. Dem ist aber nicht so. Eigentlich dachte sie nach ihren schulischen Erfahrungen mit Grammatik, völlig unfähig für das Schreiben zu sein.

Sie begann mit kleinen Artikeln über ökologische, gesundheitliche oder esoterische Neuigkeiten, um ihren Freunden die Informationen komprimiert weitergeben zu können. Und schließlich wurde daraus ihre erste kleine Zeitschrift, für die sie einige Jahre lang fast allein die Texte schrieb, das Layout erstellte und recherchierte. Ihre große Begeisterung war es, neues Wissen zu sammeln und weiterzugeben.

2

Vom »Sonnenwind« zu den »Bestellungen beim Universum«

Das Erzeugen der eigenen Realität ist keine zu erlernende Fähigkeit des Menschen, sondern offensichtlich eine angeborene Gabe. Lernen musst du lediglich, sie so zu nutzen, dass sie deiner Wunschrealität dient.

Bärbel

Der »Sonnenwind« wurde etwa drei Jahre lang in unregelmäßigen Abständen zum Selbstkostenpreis herausgegeben. Die Auflage belief sich nach kurzer Zeit auf 3000 Exemplare. Dies ist besonders bemerkenswert, da die Werbung nur über Mund-zu-Mund-Propaganda geschah. Neben Bärbel schrieben immer wieder auch Gastautoren Artikel. In seiner Glanzzeit war der »Sonnenwind« 64 Seiten stark und umfasste ein Themenspektrum, das so vielfältig wie bemerkenswert war. Wie immer würzte Bärbel dabei die reine Weitergabe von Information mit eigenen Erfahrungen, Meinungen und Sichtweisen, was die Artikel spannend und allgemein verständlich machte. Auch die Seitengestaltung und das Layout machte sie als gelernte Fotografin und Grafikerin natürlich selbst. Was auch die Kosten überschaubar hielt.

Beim Stöbern in alten Unterlagen fand ich diese alte Beschreibung von Bärbel aus dem Jahr 1995. In der ersten Version hieß die Zeitschrift »Copy me – die positive Zeitschrift – Kopieren erwünscht«.

Auflage 1000 Stück
Ersterscheinungsdatum: voraussichtlich
Juli 1995
Verteiler: Naturkostläden, Buchläden,
Seminarzentren

Preis: 12 DM
Es wird keine Werbeanzeigen im Heft geben.

Ziele: Ein Gegengewicht zur allgemeinen, vorwiegend negativen Nachrichtenflut zu bilden. »Die Seele nimmt auf Dauer die Farbe ihrer Gedanken an« (Marc Aurel). Oder: Denken Sie 3 Minuten nicht an einen weißen Elefanten – dann wissen Sie, wie stark Ihre Gedanken sind. Genauso beeinflussen vorwiegend negative Nachrichten das Denken und verleihen dem Einzelnen ein Gefühl von Resignation und »Was kann ich denn schon tun?«. COPY ME möchte darüber berichten, was einzelne Menschen schon tun, was überhaupt Positives passiert und wo jeder noch mithelfen kann. COPY ME ist ein Stück positives Lebensgefühl und eine Inspiration zum Mitmachen. Darum darf und soll auch jeder einzelne Artikel oder auch das ganze Heft kopiert und an Freunde weitergegeben werden, um diese ebenfalls zu »inspirieren«.

Vorgesehene Themen:
- *Feng Shui – harmonische und fördernde Wohnraum- und Bürogestaltung*
- *Wasserbelebung, Wiederbelebung von umgekippten und veralteten Gewässern*
- *Initiative »Kindergärten ohne Spielzeug«*
- *Das LOLA-Prinzip (Liebe, Loslassen und Aktion)*
- *Mother Meera, Avatar und weltweit bekannte spirituelle Meisterin 90 km von Frankfurt*

- *Earth-Gate, ein Erdheilungsprojekt*
- *Ist positives Denken im Seminar erlernbar?*
  Seminare von Erhard Freitag
- *Der Rat der Weisen – Förderverein für ein neues*
  Bewusstsein
- *Überblick über alternative und lebensfördernde*
  Projekte, wer kann wann wo und wie mithelfen
- *Was es sonst noch Positives zu berichten gibt*
  (Dänemark: Schuldenerlass für arme Länder)
- *Buchbesprechungen*
u. v. m.

Bei der Auswahl ihrer Artikel war Bärbel ihrer Zeit weit voraus. Bereits 1998 schrieb sie Artikel über die Grameen Bank von Muhammad Yunus, einem bangladeschischen Wirtschaftswissenschaftler. Er vergibt Mikrokredite an arme Menschen. Für seine revolutionäre Idee bekam Yunus im Jahr 2006 den Friedensnobelpreis. Bärbel stellte seine Arbeit bereits 2001 in ihrem ersten Film »Herzenswünsche erfüllen« vor und reiste dafür selbst nach Bangladesch, um die Erfolge dieser Bank vor Ort bei den Ärmsten der Armen zu dokumentieren.

Bärbel berichtete später von dieser Reise auch in ihrem Onlinemagazin (siehe Artikel »Grameen: Eine Bank vergibt Kleinstkredite an die Armen«):

»Professor Muhammad Yunus fing mit 27 Dollar Kleinstkredit, verteilt auf 42 arme Familien, an. Inzwischen (2000) konnten durch seine Initiative weltweit 12 Millionen völlig verarmte Menschen solche Minikredite in Anspruch nehmen und sich dadurch mit einfachen Dingen selbstständig machen. Einer der Leitsprüche von Prof. Yunus lautet: ›Wenn die Umstände nicht so sind, dass Sie Ihre Ideen verwirklichen können, dann ändern Sie die Umstände!‹ Das tut er nachhaltig.

Ich habe ihn zunächst bei seinem Besuch in Deutschland interviewt und war im Jahr 2000 mit einem Kameramann in Bangladesch und habe ihn dort persönlich in seiner Bank besucht. Wir sind danach mit einem Übersetzer über die Dörfer gefahren und haben Kreditnehmer vor Ort befragt. Wir waren fasziniert von dem, was wir dort erlebt haben.

Mit am beeindruckendsten an der Geschichte von Muhammad Yunus ist für mich, zu sehen, wie viel ein einzelner Mensch auf der Welt bewirken und verändern kann. Franz Alt, der bei der Chancen-Konferenz der Initiative TERRA One World Network im Stuttgarter Rathaus am 22. Februar 1999 ebenfalls dabei war, formulierte es treffend: ›An Prof. Yunus sieht man, dass man nicht Bundeskanzler sein muss, um die Welt zu verändern. Es ist im Gegenteil so, dass WIR DIE bewegen müssen, ansonsten bewegt sich gar nichts.‹

Das Zweite, was mich sehr an Muhammad Yunus beeindruckt hat, ist seine sagenhaft gute Laune und der orientalische Erzählstil, mit dem er von den Entwicklungen der Grameen Bank erzählt. Dieser Mann denkt ganz offensichtlich in Lösungen und nicht in Problemen. Und er hat Spaß und viel Vergnügen dabei. Letzteres gibt ihm ganz offensichtlich die Kraft, viel kreativer zu sein und viel weiter zu kommen als all die Leute, die ihren Fokus zu sehr auf Problemen und möglichen Hindernissen haben. (...)

Öffentliche Studien zeigen, dass durch die Hilfe der Grameen Bank 10 Prozent der Bangladescher eine reelle neue Chance auf ein neues Leben erhalten haben. Ein Drittel davon hat sich inzwischen als selbstständige Kleinunternehmen etabliert. Die Hilfe zur Selbsthilfe hat voll gegriffen. Meist beträgt die erste Kreditsumme nicht mehr als 30 Dollar.«

Ein recht kleiner Artikel im »Sonnenwind« befasste sich dann mit dem Wünschen und der Kraft der Gedanken. Er stieß bei der Leserschaft auf großes Interesse. Bärbel baute aus diesem Urkeim ihr erstes Buch »Bestellungen beim Universum«, das zunächst nur als kopierte Fassung in einigen kleinen Buchläden zum Verkauf auslag. Nachdem die ersten paar Hundert Exemplare rasch Abnehmer fanden, kam Bärbel mit dem Kopieren kaum noch nach. So entstand die Idee, einen Verlag für dieses Buch zu finden.

Ein wenig erging es Bärbel dabei wie Thomas Edison beim Erfinden der Glühbirne. Edison musste mehrere Hundert Fehlversuche erleben, ehe ihm die Herstellung einer funktionsfähigen Glühbirne gelang. Auch Bärbels Buchmanuskript wurde von diversen Verlagen abgelehnt, doch sie ließ sich nicht entmutigen. Schließlich fand sie mit Omega einen Verlag, der ihr Buch herausgeben wollte. Im Mai 1998 erschien das erste Büchlein »Bestellungen beim Universum« auf dem Markt.

ERINNERUNG: Kurze Zeit später besuchte ich den Buchladen meines Vertrauens in Köln und schnupperte wie immer ein wenig herum. Auf dem Tisch der Neuerscheinungen fiel mir ein kleines schwarzes Büchlein ins Auge: »Bestellungen beim Universum – Ein Handbuch zur Wunscherfüllung«. Erst zuckte ich. Dann zögerte ich, ging weiter, um dann umzudrehen und das Büchlein in die Hand zu nehmen. »Frech«, dachte ich. Solch ein Titel! Ich blätterte herum und las mich fest. Es machte mir Spaß, den Abenteuern der Protagonistin zu folgen. Das Lesen machte wirklich Freude. Ich kaufte das Buch und las es gleich in den nächsten beiden Tagen aus. Später verschenkte ich es gern an gute Freunde und Bekannte, von denen ich wusste, dass sie dieser neuen Idee des »Bestellens« auch aufgeschlossen gegenüberstanden.

Für mich war es der Startschuss in ein neues Leben. Ich las einige der empfohlenen Bücher, versuchte mich im Familienstellen und besuchte einige Selbsterfahrungsseminare. Und ich begann mit dem Bestellen. Unter anderem machte ich mir einen Wunschzettel für meine optimale Partnerschaft. Mit durchschlagendem Erfolg, wie wir noch sehen werden.

Die Kunst der Leichtigkeit

Außenstehende meinen oft, erfolgreiche Menschen hätten in ihrem Leben einfach mehr Glück gehabt als andere. Dem ist aber zumeist nicht so. Auch Bärbel musste sich literarisch betrachtet vom Tellerwäscher hocharbeiten. Am »Sonnenwind« hat sie nie wirklich etwas verdient, er erschien zum Selbstkostenpreis und lebte vor allem von ihrer schier unermesslichen Begeisterung. Bei der Suche nach einem Verlag für ihr erstes Buch »Bestellungen beim Universum« scheiterte sie mehrmals kläglich. Aber wie Henry Ford sagte: »Erfolgreiche Menschen haben nicht weniger Niederlagen in ihrem Leben erlebt als andere, sie haben nur gelernt, immer wieder aufzustehen und neu anzufangen.« Wieder aufstehen trotz Niederlagen, oft ist allein dies das Geheimnis von Erfolg.

3
Biolek und die breite Öffentlichkeit

Also, was bist du im Kern deines Wesens? Jede Seele eines Menschen ist wunderschön. Aber um diese Schönheit auch nach außen zeigen zu können, musst du sie zuerst in dir selbst entdeckt haben.

Bärbel

$\mathcal{D}$as kleine Buch »Bestellungen beim Universum« wurde rasch zum Geheimtipp. Es dauerte nicht lange, und immer mehr Menschen »bestellten« sich etwas. Im »Sonnenwind 6« schreibt Bärbel im Frühjahr 1999 zu dieser Zeit:

»Ich wundere mich nach wie vor, aber das Universum muss einfach beschlossen haben, dass die Zeit der mühevollen Manifestation vorbei ist, und es hat mich vermutlich zu diesem Buch heimlich inspiriert, ohne dass ich mir der Bedeutung überhaupt je so recht bewusst war. In der österreichischen Eso-Bestsellerliste soll das Buch gar schon auf Platz 1 gesichtet worden sein. Die Leser bestellen wie die Wilden, und auch wenn, wie immer, nicht alles auf Anhieb bei allen gleich gut klappt, so sind die Erfolgsmeldungen doch total kunterbunt und teilweise wirklich unglaublich. Egal, ob Manager, Schüler, eingefleischte Esos oder gänzlich Unbedarfte aller Art – die Hälfte hat mich glatt schon überholt beim erfolgreichen Bestellen. Ich freue mich riesig darüber, wenn es so leicht ist, so viel Positives zu bewirken.«

Später beschrieb Frank Elstner im Südwestfunk in »Menschen der Woche« das Phänomen der »Bestellungen« mit den Worten, Bärbel hätte die Esoterik in Deutschland erst salonfähig gemacht.

Das war im März 2007. Ich selbst war damals backstage dabei und habe Frank Elstner als sehr liebenswerten, offenen und freundlichen Menschen kennengelernt. Er kam vor der Sendung eine Weile in die Maske, um sich locker über die Sendung zu unterhalten und auszuloten, was er fragen sollte. Er verhielt sich dabei so, als würden wir uns schon ewig kennen. Keinen Hauch war er irgendwie eingebildet, nein, eher wirklich sehr normal und umgänglich.

Wegbereiter für diese Entwicklung war aber vor allem Alfred Biolek, der Bärbel im Dezember 2000 in seine Sendung »Bei Bio« eingeladen hatte. Bärbel beschreibt Herrn Biolek als wirklich liebenswerten Menschen, der ein ehrliches Interesse an seinen Talkgästen zeigte. Er unterstützte eher durch seine Fragen, stellte gern das Positive an einer Thematik heraus. Schwierige Fragen und Sensationslust waren ihm dabei völlig fremd. So outete er sich während der Sendung sogar, selbst ab und zu Bestellungen abzusenden. Er sah darin auch etwas völlig Normales.

Ähnlich äußerte sich auch Esther Schweins im Jahr 2009 in der Sendung »Kölner Treff«, in der sie gemeinsam mit Bärbel Gast war. Für sie war Bestellen nur ein anderes Wort für Beten, eine Ausdrucksform, mit einer höheren Ebene in Kontakt zu treten. Esther Schweins hat Bärbel damals richtig den Rücken gestärkt, als sie während der Sendung leicht ins Trudeln geraten war. Liebe Esther, an dieser Stelle nachträglich lieben Dank dafür!

Schon der Begriff »bestellen« war genial gewählt. Wenn ich etwas im Katalog auswähle und bestelle, dann bin ich mir absolut und zweifelsfrei sicher, bereits wenige Tage später ein Päckchen vom Versandhaus zu erhalten. Es ist darum gänzlich ausgeschlossen, überhaupt erst davon auszugehen, die Auslieferung könne verhindert werden.

Die Sendung »Bei Bio« mit Bärbel wurde im Anschluss noch dreimal wiederholt. Der Buchverkauf explodierte. Das Buch war bald einige Wochen bei Amazon auf Rang eins. (Und ist es heute noch immer, nach mehr als zehn Jahren auf dem Markt, im Unterbereich »positives Denken«). Bärbel konnte ihren Beruf als Grafikerin aufgeben und begann ganz, als Autorin zu arbeiten.

ERINNERUNG: Eines Abends kam ich später nach Hause und zappte im Fernsehen herum. Plötzlich sah ich die Sendung von Biolek und Bärbel darin. Das musste ich natürlich anschauen! Ich hatte sie mir anders vorgestellt, älter und irgendwie nicht so schlank. Sie war ein bisschen aufgeregt, kam aber sehr authentisch rüber und wurde dank der Unterstützung des Moderators zunehmend ruhiger. Ihre Botschaft war durch und durch positiv: Das Glück steht für dich bereit, es wartet nur auf dich. Was möchtest du wirklich in deinem Leben?

Im »Sonnenwind 6« schreibt Bärbel zum Erfolg von »Bestellungen beim Universum«:

»In Ausgabe 2/96 des ›Sonnenwind‹ hatte ich ab Seite 40 von ›Bestellungen beim Universum‹ berichtet, wie sie funktionieren und warum. Kurz zusammengefasst geht es darum, auf die innere Stimme zu hören und zu erkennen, dass die äußere Realität durch die Summe aller Gedanken und Gefühle kreiert wird. Man ›bestellt‹ sich damit indirekt und unbewusst sowieso alles, was einem im Leben begegnet.

Das zu erkennen ist der erste Schritt. Ich bestelle also sowieso mein ganzes Leben lang, nur leider meistens unbewusst. Wie wäre es denn dann, einmal bewusste Bestellungen ans Universum abzusenden? Ordnung ist stärker als Chaos, und so haben bewusste Gedanken eine stärkere Kraft als unbewusste.

Heute möchte ich noch einige Tipps für bisher hartnäckig erfolglose Besteller geben. Die Tücke des ›Bestellens‹ liegt darin, dass ich meine Bestellungen in kindlichem Vertrauen abgeben muss und sie gleich wieder vergessen sollte. Es liegt auf der Hand, bei wem und wann Bestellungen am besten funktionieren. Alles, was man in Leichtigkeit bestellt und von dem man nicht das Gefühl hat, es zu brauchen, das kommt sofort. Je vergnügter ein Mensch ist oder je argloser er mal eben eine ›Probebestellung‹ absendet, desto schneller erfolgt die Lieferung.

Scheinbar ungerechterweise läuft das bei ›geübten Esoterikern‹, die meinen, schon alles zu wissen und viel zu können, oft ganz anders. Da wird teilweise in weihevollem Ernst bestellt, und man nimmt die Sache zu wichtig. Schon geht's daneben. Noch schlimmer: Man glaubt etwas zu brauchen und hofft und bangt, dass es hoffentlich auch wirklich kommt. Schon geht's gar nicht.

Merkwürdiges universelles Gesetz, oder? Der, der etwas braucht, bekommt es nicht, und der, der lachend und zum Spaß etwas bestellt, was ihm zwar gefallen würde, was er aber ganz und gar nicht braucht, der erhält es meist sofort. Was ist da die göttliche Gerechtigkeit? Oder sind wir nach ›Gottes Ebenbild‹ geschaffen und besitzen selbst Schöpferkraft? Manifestiert sich das, was wir denken und fühlen, im Leben?

Das würde alles erklären. Das, was man fürchtet, ist dann das Erste, was kommt. Und je sorgenvoller man denkt, desto mehr Gründe zum Sorgen treten auf. Je leichtfüßiger man dagegen durchs Leben tanzt, desto leichter fließen die Dinge einem zu, fast wie im Schlaraffenland. Es ist die Schöpferkraft, die *jedem von uns selbst innewohnt und deren wir uns bewusst werden müssen.«*

Bärbel beschreibt diese Welle des ersten Erfolgs als sehr anstrengend. Jeder wollte plötzlich etwas von ihr, es hagelte Einladungen und Vortragsanfragen. Da sie niemals mit diesem Erfolg gerechnet hatte, war in der ersten Ausgabe der »Bestellungen« auch ihre Münchner Adresse angegeben. Plötzlich standen wildfremde Menschen vor ihrer Tür in Ottobrunn, um mit ihr einen Kaffee zu trinken. Sie musste notgedrungen lernen, sich abzugrenzen. Es war ihr unmöglich, alle Termine wahrzunehmen, kaum gelang es ihr noch, eine Antwort auf alle Anfragen zu geben.

ERINNERUNG: In genau dieser Zeit begegnete ich Bärbel persönlich. Durch »Bestellungen beim Universum« stieß ich auf das Buch »Mary« und buchte anschließend auch eine private Session beim Autor Bodo Deletz in der Nähe von Frankfurt. Seine Art gefiel mir gut, und ich hatte kurze Zeit Kontakt zu den »Ellanern«, wie sich die Anhänger des Mary-Buches kurz nannten. In der Nähe von Köln, wo ich damals wohnte, gab es bald darauf im Jahr 1999 das erste »Ella-Treffen«, in einer Burg, die dem Fakir Alyn gehörte. Alyn machte später auch mit in Bärbels Film »Herzenswünsche erfüllen«. Etwa 100 Teilnehmer bevölkerten ein Wochenende lang diese Burg.

Erstaunt erkannte ich auch Bärbel Mohr in der Menge. Sie war als eine Art Stargast eingeladen und hielt einen halben Tag ein Bestellseminar ab. Ich erinnere mich gut, wie abgehetzt sie wirkte, dauernd waren Menschen um sie herum, die ihr Fragen stellten, die mit ihr reden oder sie einfach nur kennenlernen wollten. Ich dachte so bei mir, offenbar hat auch die Bekanntheit ihren Preis. An diesem ersten Treffen sprach ich nur ganz kurz mit ihr. Ich dankte ihr für die vielen guten Anregungen in ihrem Buch, und kaum kamen wir ins Plaudern, wurde sie auch schon wieder von anderen Leuten belagert.

In dieser Zeit, um das Jahr 2000 herum, entstand die Internetplattform *www.baerbelmohr.de.* Hier konnten alle Interessierte Vortragstermine nachlesen, im Forum diskutieren und aktuelle Neuigkeiten erfahren. Der »Sonnenwind« wurde zugunsten einer laufend aktualisierten Artikelreihe auf dieser Homepage eingestellt. Im Jahr 2008 wurde ein Blog eingerichtet, in dem die Leser untereinander über die eingestellten Artikel diskutieren konnten.

Die Kunst der Leichtigkeit

Der plötzliche Erfolg stellte Bärbel vor
ganz neue Herausforderungen. Plötzlich
musste sie lernen, sich abzugrenzen.
Ein Freund meinte in dieser Zeit treffend:
»Bärbel, du spielst jetzt in der Champions
League, da gibt es immer Neider. Bei Bay-
ern München wünschen sich auch ganz
viele, dass die mal ein Spiel verlieren.«
Trotz allem blieb Bärbel immer sie selbst,
war ohne Arroganz und Dünkel. Sie begegnete ihrem Erfolg mit einer großen
Demut und Zurückhaltung. Und nur so
konnte sie auch ihre weiteren Bücher in
ihrem ureigensten Stil schreiben, so, als sei
sie eine von uns.

4
Bärbel und ich

Wenn du die Qualität in deinem Leben anhebst, wird das Leben selbst die Quantität dieser Qualität vermehren.

Bärbel

*K*urze Zeit später, im Jahr 2000, lernte ich Bärbel wirklich kennen. Ich besuchte ein Seminar von Druvalo Melchizedek am Chiemsee, in dem es um die Herzenssprache der Kogis ging, eines Stammes von Ureinwohnern in Kolumbien. Druvalo ist vielen durch sein Buch »Die Blume des Lebens« bekannt und den angeschlossenen »Flower of Life«-Workshop. Durch das Ella-Seminar in Köln kannten Bärbel und ich uns zumindest vom Sehen schon und zufällig standen wir während der Seminaranmeldung zusammen. Diesmal störte unser Geplauder niemand, Bärbel war ja auch nur als Teilnehmerin dort und stand nicht auf der Bühne. So ergab es sich, dass wir auch nebeneinander im Seminar saßen. Na ja, so ganz zufällig war das nun auch wieder nicht.

Ich dachte mir aber zunächst nichts weiter dabei, denn für mich war sonnenklar, dass diese »Miss Universum« bereits den absoluten Traumpartner bestellt hatte und daher beziehungstechnisch allerbestens versorgt war. Was ich jedoch nicht wusste, Bärbel hatte sich eben erst von ihrem langjährigen Partner getrennt. Noch am Abend vor dem Seminar hatte sie ihren mitgereisten Bekannten geschworen, nun für einige Monate allein leben zu wollen, bis sie bereit für eine neue Beziehung sei.

Für mich war in dieser Zeit in Sachen Partnerschaft das innere Bild entstanden, eine Art Baustelle zu sein. Meine letzte langjährige Beziehung war ein halbes Jahr her, und ich lebte in dem Bewusstsein, erst wieder eine passende Lebensgefährtin finden zu können, wenn ich innerlich gewachsen sei. Da meine letzte Beziehung an ähnlichen Themen gescheitert war wie die vorhergegangene, würde ich erst dann wieder glücklich mit einer Partnerin zusammenleben können, wenn ich diese inneren Themen bearbeiten und verbessern könnte. Darum das Bild der Baustelle, ich wollte erst wieder eine neue Bindung eingehen, wenn die Umräumarbeiten abgeschlossen wären. Der Besuch bei diesem Seminar war Teil der Bauarbeiten.

Aber erstens kommt es anders, und zweitens als man denkt. Schon die erste Übung zu Beginn des Seminars machte ich gemeinsam mit Bärbel: umarmen und spüren, was geschieht. Etwas sagte mir dabei innerlich sehr deutlich, diese Frau ist richtig. Sie fühlt sich gut an – es fühlt sich so an, als passten wir haargenau zusammen. Und Bärbel ging es genauso. Wir hatten uns gefunden, ohne zu suchen. Ich dachte, ich sei 700 km zum Chiemsee gefahren, um ein Seminar zu besuchen. Aber nein, diese Reise führte mich zu meiner neuen Lebensgefährtin.

Es ist vielleicht wichtig anzumerken, dass weder Bärbel noch ich unseren jeweiligen »Beuteschemen« gehorchten. Vom Verstand her wären wir eher nicht aufeinander angesprungen. Aber als unsere Herzen sich kennenlernten, bei der ersten Umarmung, zogen sie sich magisch an. Und diesem Sog folgten wir beide, wir folgten einfach unserem Gefühl. Und überlegten kurze Zeit später, noch während des Seminars, ob sie nach Köln oder ich nach München ziehen sollte. Weil mein Dickkopf offensichtlich wenig stark ausgeprägt ist, war ich derjenige, der die Koffer packte …

Bärbel selbst beschreibt unser Kennenlernen wie folgt. Dabei verwendet sie die Sicht unserer Zwillinge, die sich auf dem Wickeltisch, im Kinderwagen oder in ihren Bettchen über ihre absonderlichen Eltern unterhalten.

Dieser Text stammt (wie einige andere in diesem Buch auch) aus der »Rabenvaterschnullerbefestigungsanlage«, einem unveröffentlichten Manuskript, das Bärbel eigens für unsere Kinder geschrieben hat, wenn sie mal groß sind. Damals waren unsere Kinder gerade ein paar Monate alt, und ich finde, man spürt zwischen den Zeilen sehr die Begeisterung der jungen Mutter. Diese Begeisterung für unsere Kinder hat bei uns übrigens niemals aufgehört:

»Wir sind drei Monate alte Zwillinge und gegenwärtig schlafen wir. Zumindest denken unsere Eltern das! Aber wenn wir leise flüstern, sodass sie nichts merken, dann können wir euch berichten, durch welche Umstände wir auf diese Welt gekommen sind. Geplant waren wir nämlich ursprünglich gar nicht.

Nach ihrer letzten langjährigen Beziehung beschloss Mama, erst einmal ein halbes Jahr ›Zölibat‹ einzulegen und sich den nächsten möglichen Partner vorher ganz genau anzusehen. Ein paar Wochen später ging sie mit Freunden zu einem Wochenend-Workshop. Sie erzählte allen von ihrem Zölibat und dass sie sich gerade üüüüberhaupt nicht für Männer interessiere.

Am nächsten Tag sprach einer ihrer Freunde, ein Holländer, sie an: ›Bärbel, was ist mit deine Zölibat? Habe ich dich gesehen küsse mit diese Typ??!‹ Tja, da war wohl eine Kleinigkeit dazwischengekommen und das Zölibat frühzeitig abgebrochen worden.

Mama und Papa hatten sich getroffen und sofort das Gefühl gehabt, sich schon ewig zu kennen, obwohl sie sich gerade das erste Mal trafen. Mama sagte, sie hätte sich mit Papa gleich sehr wohlgefühlt und sie hätte das Gefühl gehabt, sich die Beziehung eigentlich gar nicht im üblichen Sinne erarbeiten zu müssen. Es war so, als hätten sie das schon irgendwann (keine Ahnung, wann) gemacht und als würden sie auch die Basisthemen und Probleme dieser Beziehung schon kennen. Genau genommen, sagt Mama, war es, als würden sie nur eine vorhandene Beziehung, die viele Jahrhunderte pausiert hat, wieder aufnehmen. Das höre sich zwar sicher nach grobem Unsinn an, beschreibe aber am besten das Gefühl, das sie mit Papa von Anfang an gehabt hätte.

Mama und Papa diskutierten jedenfalls noch am selben Tag darüber, wer zu wem ziehen würde und wie es mit Kindern aussehen würde. Auf einmal waren Kinder nicht nur im Notfall einer Überraschungsschwangerschaft erlaubt, sondern sogar, man höre und staune, überhaupt vorstellbar. Von Einzelkindern hielten beide allerdings nicht viel, aber um noch zweimal schwanger zu werden, fand unsere Mama sich fast schon ein wenig zu alt.

Außerdem hatte Mama Nachbarn, bei denen die Kinder sich beim Spielen sehr oft stritten. Die Kleine konnte oft nicht mithalten mit dem Großen, und der Große war eifersüchtig auf die Kleine, die mehr verhätschelt wurde von den Erwachsenen als er.

Mama kam daher als Erste auf die Idee mit den Zwillingen. Papa wehrte zunächst entsetzt ab. Das hielt er für keine gute Idee. Da bestünde die Gefahr, dass sie eineiig werden und sich dann so ähnlich sehen, dass sie später Identitätsprobleme

*bekommen. Papa und Mama sprachen öfter da-
rüber. Mama war immer dafür und Papa immer
dagegen, aber nur wegen der Gefahr der eineiigen
Zwillinge. Da erinnerte sich Mama an Folgendes:*

*Als Mama selbst noch ein Kind war, hatte sie
in der Nachbarschaft öfter ein Pärchen im Teeny-
alter beobachtet, bei dem sie sich immer gefragt
hatte, wie das Mädel es gemacht hatte, sich ›so
einen tollen Typen‹ zu angeln. Er war sehr attrak-
tiv und sie eher unscheinbar. Dennoch waren sie
scheinbar unzertrennlich, und er hielt sie dauernd
im Arm und schmuste mit ihr.*

*Als sie ihre leichte Verwunderung oder Bewun-
derung, wie das Mädchen das gemacht hatte, mal
gegenüber einer anderen Nachbarin äußerte, lachte
diese laut los. ›Du Dödel, das sind doch zweieiige
Zwillinge. Die teilen sich mit ein paar Freunden
eine Studentenbude hier gegenüber.‹*

*Mama hat uns das erzählt und dass sie seitdem
immer im Kopf gehabt hätte, dass ein Zwillings-
pärchen etwas ganz besonders Schönes sein müsste. Sie sagte, wir würden zwar noch nicht wissen,
ob wir uns, wenn wir größer werden, auch so gut
vertragen werden, aber sie hoffe es.*

*Also wir wissen das schon. Schließlich haben
wir neun Monate lang auf engstem Raum miteinander gelebt. So eng wird es nie wieder werden.
Uns hat es trotzdem gefallen. Felicitas war nur
etwas sauer, weil Nummer zwei von uns, Aaron,*

ihr dauernd auf die Nase getreten hat, und sie kam deshalb mit einer etwas schiefen Nase auf die Welt. Aber inzwischen hat sich die Nase von alleine gerade gestellt, und diesen kleinen Zwischenfall haben wir uns längst verziehen. Wir werden uns also bestimmt vertragen. Zumindest haben wir das jetzt ganz fest vor.«

So kamen Bärbel und ich zusammen. Völlig unverhofft und vollkommen ungeplant.

Das ist übrigens überhaupt eine Qualität der neuen Zeit: Ich habe die Erfahrung gemacht, dass immer mehr Menschen, die sich vom Herzen her entsprechen, zueinander finden und eine Lebensgemeinschaft gründen. Da findet die naturverbundene Pferdenärrin gern auch mal zum Porschefahrer mit Goldkettchen. Eben weil es sich richtig anfühlt. Dann soll es wohl so sein. Ich würde mir wünschen, dass immer mehr Menschen dieses Grundgefühl entdecken und lernen, ihm auch mutig zu folgen. So, wie die Sufis sagen: »Geh, wohin dein Herz dich ruft.«

ERINNERUNG: Jahre später diskutierten Bärbel und ich über den Sinn und Zweck von Bestelllisten. Bärbel hatte in ihrem Leben die Erfahrung gemacht, dass Listen nicht zum gewünschten Ergebnis führten, da immer unerwünschte »Zusatzüberraschungslieferungen«

im Paket mit dabei waren. Darum kam sie immer mehr von diesen Listen ab. Das war der große Moment, in dem mir meine uralte Bestellliste wieder einfiel, die ich nach der Lektüre von »Bestellungen beim Universum« geschrieben hatte. Rasch kramte ich darum in meinen Sachen herum und holte die Liste aus dem Keller. Triumphierend zeigte ich ihr meine zwei Seiten lange handgeschriebene Bestellung, mit der ich sie selbst viele Jahre zuvor herbeigewünscht hatte. Wir lasen die Punkte durch, und es wurde deutlich, warum die Liste funktionierte: Alle Eigenschaften waren offen umschrieben und nur wenig festgelegt. Ein Rahmen war gegeben, innerhalb dessen das Universum frei war zu liefern, was am besten zu mir passte. Bärbels Listen waren dagegen immer sehr konkret und ausschließlich gewesen, darum fiel es dem Universum schwer, innerhalb der Grenzen dieser Liste das Passende zu finden. Um es mal überspitzt zu formulieren: Hätte ich auch im maximalen Sinne meine Punkte konkret formuliert, wäre beispielsweise Claudia Schiffer herausgekommen. Das wäre dann wirklich genau festgelegt gewesen, aber ähem, die Ärmste hat, glaub ich, schon einen Partner.

Die Kunst der Leichtigkeit

Was Bärbel und mich als Beziehungspartner zusammenführte, war das Grundgefühl im Herzen, wirklich zusammenzugehören. Fernab von Vorstellungen, wie ein Partner zu sein hat. Dieses offene Herz, mit dem sie unvoreingenommen auf neue Menschen, Zuhörer bei Vorträgen oder Seminarteilnehmer zuging, zeichnete sie besonders aus. Viele Menschen schrieben ihr, beim Lesen ihrer Bücher das Gefühl zu bekommen, sie sei eine Freundin geworden. Dieses offene Herz sprach auch durch die Zeilen ihrer Bücher und sprang wie ein Funke aus dem Buch ins Herz des Lesers. Mit ihrer Art berührte sie andere Menschen, durch die Schrift wie durch das Wort.

5
Kinder

Bist du gern mit positiven, liebevollen Menschen zusammen, die überall Freude verbreiten? Wenn ja, dann geht es dir wie dem universellen Geist. Er ist auch am liebsten bei solchen Menschen. Nicht weil er die anderen nicht mag oder verurteilt, sondern weil sie sich ihm verschließen.

Bärbel

Schwächen, die sich im Lauf eines Lebens als Stärken erweisen, haben wir bereits erwähnt. Ein besonderes Defizit sah Bärbel bei sich selbst vor allem im häuslichen Bereich. Küchenarbeit war ihr ein Graus, sie war bekennende Katastrophenköchin. Ihre Fähigkeiten zur Kindererziehung fand sie selbst auch eher dürftig, darum wollte sie zu Anfang ihres Lebens auch keine Kinder haben. Sie wettete sogar mit ihrer Mutter.

Lassen wir diese Episode doch durch Bärbel selbst erzählen, unseren Zwillingen legte sie die folgende Passage in den Mund (aus »Rabenvaterschnullerbefestigungsanlage«, unveröffentlicht):

»Im Grunde fing alles schon vor fünfundzwanzig Jahren an. Damals war unsere Mutter zwölf Jahre alt und felsenfest davon überzeugt, dass sie auf keinen Fall je Kinder bekommen, geschweige denn heiraten würde. Das traf ihren damaligen Geschmack so wenig, dass sie sicher war, sie würde solche Lebensumstände niemals ereilen.

Ihre Mutter, also unsere Oma, dagegen meinte, sie wüsste es besser. Mama (wenn wir Mama schreiben, dann meinen wir unsere Mama) wäre ja erst zwölf Jahre alt und könnte noch nicht beurteilen, was sie mit zwanzig oder dreißig Jahren mal will.

Mama sagte uns, sie könne sich noch sehr genau an die Situation erinnern und sie hoffe, sie erinnert sich auch noch, wenn wir mal zwölf Jahre alt sind. Man weiß mit zwölf nämlich sehr wohl, was man will, und man ändert sich in mancher Hinsicht weniger, als zu vermuten wäre.

Mama hatte eine sehr ernste und fast gestrenge Miene, als sie uns das sagte. Wir lagen gerade auf dem Wickeltisch und haben unser Gelächter hinter wildem Gestrampel verborgen. Wenn sie mit zwölf Jahren schon so genau wusste, dass sie keine Kinder will, wieso hat sie dann jetzt uns zwei? Na ja, die Geschichte geht ja noch weiter.

Omas Zweifel bezüglich Mamas Zurechnungsfähigkeit in einer solch wichtigen Entscheidung ärgerten unsere Mama nämlich immens! Daher schlug sie Oma eine Wette um den gewaltigen Betrag von 25,– Euro (damals 50,– DM) vor, mit dem Inhalt, dass Mama bis zum Alter von fünfunddreißig Jahren keine Familie gegründet haben würde.

Sie wählten fünfunddreißig Jahre aus, weil das Mama damals ›ziemlich alt‹ vorkam und weil sie nicht warten konnte, bis sie achtzig Jahre alt war, denn bis dahin würde Oma eventuell nicht mehr leben. Also einigten sie sich auf fünfunddreißig Jahre.

Am 28. Juli, vor eineinhalb Jahren, Mamas sechsunddreißigstem Geburtstag, erhielt Mama *jenes Wettdokument von damals, gemeinsam mit einem Fünfzig-DM-Schein und einem Kommentar von Oma zurück: ›Wette eindeutig verloren! Einsatz hiermit an die Gewinnerin. Gezeichnet Mutti‹ (also Mamas Mutti, unsere Oma)*

Ein halbes Jahr später erhielt Oma dann einen Brief von Mama, der mit den Worten begann:

›Liebe Mutti (Mutti ist immer Oma, unsere Mama heißt Mama), nachdem ich ja nun die fünfzig Mark abgesahnt und verprasst habe und mir einen schönen Lenz damit gemacht habe, dachte ich mir, ich könnte meine Vorsichtsmaßnahmen etwas lockern, und so wirst du im Spätherbst Großmutter von Zwillingen werden ...‹

Es war eine gelungene Überraschung.«

Aus Bärbel wurde dann schnell eine sehr gute Mutter. Sie konnte es selbst kaum glauben. Was sollte sie aber auch anderes tun, bei so lieben und süßen Geschöpfen, die sie auf die Welt bringen durfte? Vielleicht ist es einfach gut vom Universum geplant gewesen, dass Bärbel anfänglich dachte, niemals Kinder zu wollen. Denn darum ging sie automatisch vorbehaltlos und voller Rücksicht an diese Aufgabe heran. Sie war ganz bereit zu lernen, und erst beim Tun entdeckte sie, was sie wirklich konnte. Da war eine Fähigkeit zur Mutter in ihr verborgen gewesen, die sich entfalten wollte, wie eine Knospe, die zur Blüte werden möchte. Die Blüte entsteht aber erst, wenn die Knospe sich regt, wenn sie ins Leben kommt. So, wie der Saft in den Stängel der Blume strömt, beginnt sich in uns Menschen eine Kraft zu entfalten, wenn wir den Mut haben, etwas Neues anzufangen. Von dem wir oft selbst nicht erahnen, wie gut wir es später beherrschen oder können werden.

Wenn ich Menschen astrologisch und numerologisch berate, kommen die meisten Gespräche irgendwann an einen Punkt, wo der Klient ungläubig den Kopf schüttelt. »Was, DAS soll ich können?«

Oft ist eine besondere Begabung gerade in dem Bereich verborgen, in dem man es selbst am allerwenigsten vermutet. Talent möchte entdeckt werden. Um ein Bild zu geben, warum dem so ist, verwende ich gern das Gießen einer Kirchenglocke. Der Arbeiter beginnt dabei mit der Herstellung einer Gussform, in die später die Bronze einfließen soll. Betrachtet man diese Form näher, dann ist sie der späteren Glocke genau entgegengesetzt gestaltet: Wo in der Glocke ein außen vorstehender Teil entstehen soll, etwa ein Schriftzug, ist in der Form eine Vertiefung angebracht. Soll die Glocke eine Delle nach innen aufweisen, dann steht die Form etwas nach außen vor.

Ich vermute, bei uns Menschen verhält es sich ganz ähnlich. Wenn ich geboren werde, dann wachse ich mit den Jahren immer mehr in die mir vorbestimmte Umwelt hinein. Dies geschieht sinngemäß so, wie die heiße Bronze in die Form fließt. Irgendwann fülle ich diese Form, die Gegebenheiten meiner Umwelt, ganz aus. Ich kenne diese Form, die aus vielen Glaubenssätzen, Grenzen und Beschränkungen besteht, sehr genau. So genau, dass ich dem Irrtum unterliege, die Form zu sein, und nicht die Glocke.

Es fehlt nun der entscheidende Moment, in dem die Glocke wirklich entsteht: Die Form aus Ton muss abgeschlagen werden, um die Glocke zu befreien und auf die Welt zu bringen. Das ist der eigentliche Moment, in dem die Glocke »geboren« wird. Um selbst die Glocke zu werden, also das, was ich wirklich bin, sollte ich darum auch beginnen, meine alte »Form« abzuschlagen. Und das gelingt, indem ich alte Glaubenssätze anzweifle, Grenzen infrage stelle und Beschränkungen überwinde. Schließlich wage ich vielleicht sogar, Dinge auszuprobieren, von denen ich am allerwenigsten dachte, sie überhaupt zu können. So lerne ich »meine Glocke«, die ich wirklich bin, erst richtig kennen.

In diesem Zusammenhang kommt mir eine Geschichte in den Sinn.

Vor Jahren besuchte ich ein Selbsterfahrungs-
seminar mit Pferden. Dabei wurde gar nicht ge-
ritten, sondern es ging darum, allein zum Pferd
in die Koppel zu gehen und zu schauen, wie das
Pferd reagiert. Pferde sind bekanntlich Herden-
tiere und spüren sofort, ob die Person eine Energie von »Leittier« ausstrahlt oder eben nicht.
Pferde fühlen sich deshalb magisch von selbstbe-
wussten, zielstrebigen Menschen angezogen und
laufen diesem »Leittier« dann sofort hinterher.
Um es zu verraten, die meisten der Teilnehmer
strahlten diese Energie leider zu Seminarbeginn
noch nicht aus.

Eine Dame im besten Alter glaubte beispielsweise genau zu wissen, was zu tun sei, denn sie
hatte selbst ihr Leben lang Pferde in ihrem Besitz
gehabt. Sie ging also zum Pferd, nahm es am
Halfter und zog es hinter sich her. Das war aber
verboten, das Pferd sollte nicht geführt werden,
sondern aus freien Stücken hinter ihr herlaufen.
Sie ging also los, das Pferd aber drehte desinte-
ressiert ab und ging weg. Was die Frau auch tat,
das Pferd war durch nichts zu bewegen, ihr zu
folgen. Schließlich gab die Frau frustriert auf,
nahm eine Schaufel und sammelte Pferdeäpfel
in der Koppel auf. Ganz in Gedanken versunken,
war sie damit eine Weile beschäftigt und erschrak
heftig, als plötzlich das Pferd neben ihrem Ohr
schnaubte. DAS fand das Pferd plötzlich sehr

spannend. Aber erst, als die Frau aufgegeben hatte und dachte, völlig unfähig zu sein, überhaupt noch Interesse beim Pferd erwecken zu können.

Die Kunst der Leichtigkeit

Manchmal kommt es eben anders, als man denkt. Manchmal vermag man Dinge zu tun, die man nie für möglich gehalten hätte. Ein scheinbares Defizit, das ich in einem Bereich zu besitzen glaube, stellt sich vielleicht nachher als Gabe heraus. Es zeigt mir nur an, wohin ich noch weiterwachsen kann. Eine Schwäche kann sich in eine Stärke verwandeln, wenn ich den Mut habe, neue Wege zu gehen und Neues zu beginnen. Dazu braucht es vor allem Naivität, Offenheit und Unvoreingenommenheit. All dies sind Eigenschaften, die Bärbel besonders ausgezeichnet haben.

6
Love and Logic

Das Universum erwartet nicht von dir, perfekt oder anders als irgendwer anders zu sein. Es erwartet aber, dass du dein Bestes gibst. Wenn du das tust, wie wenig das zu manchen Zeiten auch immer sein mag, dann wird es dir stets mit seinem Besten antworten.

Bärbel

Seit meiner Vaterschaft habe ich den Eindruck, die Menschen lassen sich vor allem in zwei Kategorien unterscheiden: Gruppe 1 heißt »mit Kindern«, Gruppe 2 »ohne Kinder«. Das sind zwei sehr verschiedene Welten für sich, und die eine Welt versteht die andere Welt oft rein gar nicht. In der Kinderwelt geht es ausschließlich um Breichen, Windeln und Durchschlafen, in der Welt ohne Kinder um Erfolg, Hobbys und die neue Flamme. (Na gut, ich gebe zu, ich überzeichne hier sicher etwas.)

ERINNERUNG: Aber eben hatte ich wieder ein Treffen meiner Männergruppe. Wir sind fünf Männer, drei mit und zwei ohne Kinder. Einer der Teilnehmer ist junger Vater, seine Kinder sind drei Jahre und ein Jahr alt. Zwischen uns entstand ein sehr schönes Gespräch, in dem er mir gestand, wie wenig er früher mit meinen Geschichten und Krankheiten meiner Kinder hatte anfangen können. Das hat sich aber ins völlige Gegenteil verwandelt. Seine dreijährige Tochter hatte vor einigen Wochen eine kurze Bewusstlosigkeit, die ihn sehr mitgenommen hatte. Er war in sehr großer Sorge und musste mit ihr einige Tage ins Krankenhaus zur Beobachtung. Er durfte sogar neben ihr im Zimmer schlafen. Er erzählte mir auch, wie sehr sich sein Leben verwandelt hatte, seit er Vater geworden ist. Wir stehen uns jetzt sehr viel näher als früher, das Vatersein hat ihn zu einem anderen Menschen gemacht.

Aber zurück zu Bärbel und mir. Die Welt ohne Kinder kannten wir bereits sehr gut, da wir beide späte Eltern waren, also nichts wie hinein ins Kinderuniversum.

Im Jahr 2001 wurden unsere beiden Kinder geboren. Bärbel reduzierte in den ersten Jahren danach ihre Auftritte in der Öffentlichkeit, um sich ganz unseren Kindern zu widmen.

Vom Schreiben jedoch konnte sie nicht wirklich lassen. Nun entstanden vermehrt Artikel für ihre Website, und jedes Jahr brachte sie mindestens ein neues Buch heraus.

Für uns als junge Eltern gab es natürlich viel zu tun. Ein Kind ist schon eine Herausforderung, und bei Zwillingen potenzieren sich viele der Probleme noch. Alles ist doppelt zu machen, Wickeln, Füttern, Spazierengehen, Anziehen, Zubettbringen. Alles geschieht in Stereo. Wir haben uns sagen lassen, unter Zwillingseltern spricht man darum bei einzeln geborenen Kindern auch etwas respektlos von »Einlingen«.

Als die Kinder dann laufen konnten, stellten sich neue Herausforderungen. Mit drei oder vier Jahren fingen unsere Kinder an, ihre Grenzen auszuprobieren, nach dem Motto »Mal schauen, was sich Mama und Papa so alles von uns gefallen lassen«.

Was uns an diesem Punkt der Erziehung unserer Kinder wirklich weitergeholfen hat, war »Love and Logic«, eine aus England stammende Erziehungsmethode. Leider sind die Bücher zurzeit nur auf Englisch erhältlich.[1] Und da auch wir Erwachsenen ja viele kindliche Anteile in uns haben, die sich immer wieder zu Wort melden, haben wir sicherlich viele der Tricks auch für uns und unsere Beziehung verwenden können.

Wie der Name schon sagt, bietet »Love and Logic« den Kindern auf liebevolle Art und Weise logische Konsequenzen an. Zum Beispiel so: »Mein Kind, ich hab dich ganz doll lieb. Aber wenn du dieses und jenes immer wieder tust, dann hat das bestimmte Konsequenzen für dich. Wenn Mama zum Beispiel dauernd dein Zimmer aufräumen muss, dann hat sie nachher keine Zeit mehr, dir deine Lieblingshose zu bügeln, die du sofort gern wieder anziehen möchtest.

---

[1] *Für Kinder von 0 bis 6 Jahren:* Jim Fay, Charles Fay, Adryan Russ: «Love and Logic Magic for Early Childhood: Practical Parenting from Birth to Six Years«.
Für Kinder von 7 bis 12 Jahren: Foster Cline, Jim Fay: »Parenting with Love and Logic: Teaching Children Responsibility«.
Für Teenager: Foster Cline, Jim Fay: »Parenting Teens with Love and Logic: Preparing Adolescents for Responsible Adulthood«.

Denn in der fürs Bügeln vorgesehenen Zeit musste sie ja dein Zimmer aufräumen. Du hast es ja nicht selbst getan.« Dieses Prinzip verstehen die Kinder sofort. Denn es besitzt viel Klarheit.

Mein Favorit unter den »Love and Logic«-Kniffen und -Tricks ist, dem Kind selbst Entscheidungen zu überlassen. Wenn Papa gerade mit seinen Zwillingen auf dem Spielplatz ist, wird irgendwann immer der Augenblick kommen, in dem es Zeit wird, nach Hause zu gehen. Sage ich jetzt: »Los, wir gehen!«, und die Kinder sind mitten im Spiel, gibt es Geschrei und Geplärre. Nein, sie wollen jetzt noch spielen. Also frage ich liebevoll und logisch: »Möchtet ihr jetzt sofort nach Hause gehen oder erst in zehn Minuten?« Natürlich sagen beide Kinder gleich: »In zehn Minuten.« »Na gut«, sagt Papa, »wenn es eure Entscheidung ist, warte ich gern noch solange.« Ist diese Zeitspanne vorbei, kann ich sagen: »Los, Kinder, ihr habt euch selbst entschieden, jetzt erst zu gehen.« Und sie gehen dann zumeist wirklich. Und auch wenn das sicherlich nur eine scheinbar freie Entscheidung der Kinder ist, so erleben sie es doch als solche und sind glücklich, noch etwas länger spielen zu können. Und Papa macht ja auch scheinbar, was sie wollen, das finden sie klasse.

Bärbel hat die Inhalte von »Love and Logic« kurz zusammengefasst (bisher unveröffentlicht):

»Viel Einreden auf Kinder, Schimpfen und immer wieder dasselbe sagen, ohne dass Konsequenzen erfolgen, führt dazu, dass die Kinder mehr und mehr Respekt vor den Eltern verlieren und das ›ganze Gerede‹ nicht ernst nehmen. Mit der Zeit hören sie immer weniger zu, wenn die Eltern etwas sagen. Sobald jedoch das Nichtzuhören Konsequenzen hat, hören sie ganz schnell wieder genau hin. Eine Konsequenz darf niemals wie eine Bestrafung wirken, denn sonst bewirkt sie das Gegenteil (Trotz und Abwehr).

Die Liebe sollte als Gefühl immer dahinter stehen, das Kinder IMMER mit zu hören bekommen: ›Ich liebe dich. Und dieses Verhalten ist nicht okay. Es ist mir wichtig, dass du das verstehst, eben weil ich dich liebe.‹ Das ist bei Erwachsenen genauso: Wenn wir jemanden mit einem Gefühl von Wut und Ablehnung kritisieren, stoßen wir nur auf Abwehrmechanismen. Wenn der andere jedoch Zuneigung, Mitgefühl und den echten Wunsch nach Verständigung hinter der Kritik spürt, wird er fast immer geneigt sein, offen zuzuhören. Die Konsequenz sollte möglichst kurzfristig erfolgen und möglichst logisch sein. In den Büchern gibt es Hunderte von Praxisbeispielen.

Ein zentrales Ziel von ›Love and Logic‹ ist, dem Kind möglichst früh beizubringen, für sich selbst nachzudenken und kluge Entscheidungen für sich zu treffen. Wenn es die Situation zulässt, kann man daher auch mit einfachem Nachfragen beginnen, klare Grenzen setzen und dem Kind Wahlmöglichkeiten lassen zwischen verschiedenen Konsequenzen. Wobei es nach jeder Konsequenz die Wahl hat, dasselbe noch mal zu machen oder es zu lassen. Eine Konsequenz ist immer ein bisschen wie das wahre Leben. Denn im wahren Leben ist das Kind nicht umgeben von Eltern, die entweder alles mit sich machen lassen oder dem Kind keine einzige Entscheidung selbst überlassen.

Sollte ein Kind zum wiederholten Male mit seinem Essen rumsauen oder sogar das Wohnzimmer damit verschmutzen, kann eine Grenze auch schon mal (im Extremfall) eine ausgefallene Mahlzeit sein. Falls das jemand zu brutal findet, möchte ich hier gerne noch die Sichtweise des ›Love and Logic‹-Gründerteams aus den USA wiedergeben. Der Pädagoge und Erziehungsspezialist Jim Fay und der international anerkannte Kinderpsychiater Foster Cline sehen das so: Brutal ist in Wirklichkeit, wenn man als Eltern solche – ja meist nur sehr vereinzelt nötigen – Konsequenzen nicht auf sich nehmen möchte, wenn man den Schmerz der Kinder in dem Augenblick nicht durchsteht, wenn man die Unbequemlichkeiten der Situation vermeiden will und ihnen lieber einen Schokoladenriegel gibt, damit sie wieder still sind. Denn dann nimmt man damit automatisch die Gefahr in Kauf, dass die Kinder im Leben unglücklich und einsam werden. Wer möchte schon befreundet sein mit einer rücksichtslosen, respektlosen Person, die immer die eigene Nase durchsetzen möchte? Solchen Kindern bleibt unter Umständen schon als Teenager nicht mehr viel Auswahl an Freunden. Sie müssen sich mit anderen Kindern begnügen, die aufgrund ihres eigenen schwierigen Verhaltens sonst auch keinen Anschluss mehr finden. DAS ist laut Cline und Fay brutal. Was ist eine ausgefallene Mahlzeit dagegen?

Wobei es natürlich total vom bisherigen Verhalten der Eltern abhängt, wie massiv die Konsequenzen sein müssen, damit sie noch wirken. Wer bereits frühzeitig beim ersten Auftreten eines Problems zu Konsequenzen und liebevollen Erläuterungen greift, kommt meist mit Minikonsequenzen aus. Je länger das Verhalten schon eingeschliffen ist, desto lauter muss die Alarmglocke sein, um noch etwas zu bewirken. Beim ersten Wohnzimmer-Versauen reicht sicher Selbstputzen unter Mamas Aufsicht und dezenter Hilfe völlig aus. Wenn es öfter vorkommt und schon eine ›Mir doch wurscht‹-Haltung da ist, reicht es eben nicht mehr. Die nächste Stufe wäre: Die Kinder müssen auch beim Kochen helfen, weil jetzt so viel Zeit verstrichen ist. Und erst die Hardcore-Stufe für Dauer-Schmierfinken ist Diät.

Ein Gespräch zwischen Vater und Tochter

Im folgenden Beispiel geht es um ein Kind, das sich Freunde ausgesucht hat, die den Eltern nicht gefallen. Grundsätzlich schreiben die Autoren, dass den Umgang mit diesen Freunden zu verbieten keine gute Idee ist, denn durch das Verbot wird es noch spannender, und dann wird sich heimlich getroffen. Aber: Man muss keine Menschen und auch keine Kinder ins eigene Haus/in die Wohnung lassen, mit denen man sich nicht wohlfühlt. Man kann dem Kind sagen: ›Ich respektiere, dass das deine Freunde sind. Ich fühle mich mit ihrem Verhalten jedoch nicht wohl und ich möchte nicht, dass du sie zu uns nach Hause mitbringst. Bitte spiele draußen oder in der Schule mit ihnen.‹

Im Beispiel war es noch gar nicht so weit, sondern das Kind sagte den Eltern nur, dass es spielen gehen werde. Tochter: ›Tschüss, Papa, ich gehe.‹ Vater: ›Gehst du mit Lisa und Bine spielen?‹ Tochter: ›Ja, wieso?‹ Vater: ›Schön, viel Spaß. Ich wünsche mir nur, dass etwas von dir auch auf Lisa und Bine abfärbt.‹ Tochter: ›Oh, Papa …‹ Vater: ›Schatzi, ich meine es ernst. Manchmal denke ich, diese Kinder brauchen jemand wie dich um sich herum. Vielleicht kannst du einen guten Einfluss auf sie ausüben.‹ Tochter: ›Du magst sie nicht?‹ Vater: ›Es geht gar nicht um mögen oder nicht mögen. Ich mache mir nur manchmal Sorgen, dass das Leben für diese beiden Kinder nicht so glatt gehen wird, wie ich es mir für dich erhoffe. Hab viel Spaß, bis später.‹

Kein Verbot weit und breit, aber viele, viele Anregungen für das Kind, selbst nachzudenken. Auch solche Eltern-Kind-Gespräche sind ein wichtiger Teil des Erziehungskonzepts ›Liebe und Logik‹, damit das Kind angeregt wird, sich selbst kluge Gedanken zu machen.«

Die Kunst der Leichtigkeit

Liebe bedeutet nicht, dem Kind alles zu erlauben. Liebe bedeutet ganz im Gegenteil, auch mal klare Grenzen zu setzen. Auch wenn es dann Gebrumme und Genörgel gibt. Um liebevoll und konsequent sein zu können, braucht es darum eine innere Stärke. Im Grunde sind es solche Grenzen, nach denen sich die Kinder insgeheim sehnen. Denn solche Grenzen geben Struktur, und an ihnen richten sich die Kinder aus. Ein Spruch in dieser Hinsicht macht es deutlich: »Die ganze Erziehung ist doch eigentlich Unsinn. Die Kinder leben doch sowieso immer nur nach, was du ihnen als Erwachsener vorlebst.«

7 Beziehungsleben

Immer wenn du bewusst etwas Positives wahrnimmst, öffnet sich dein Herz, und damit stärkst du automatisch deine Verbindung zum Universum. Immer wenn du dich ärgerst, zieht sich etwas in dir zusammen, und deine Verbindung zum Universum wird blockiert.

Bärbel

ove and Logic« hat für uns auch so manches in unserem gemeinsamen Leben als Paar verändert. Ein wichtiges Gebot im Miteinander war es, zwar über alles zu sprechen, aber immer mit dem Gefühl »Ich hab dich lieb« zu beginnen. So, wie wir gelernt haben, mit unseren Kindern zu sprechen, begannen wir auch, untereinander als Paar zu kommunizieren.

Dabei denken jetzt sicher viele, es hätte bei uns nicht auch mal richtig gekracht. Nein, ganz im Gegenteil. Streiten gehört dazu und ist auch sehr nützlich, wenn man versucht, es mit Liebe zu tun. Ich würde sogar sagen, Streiten ist sehr wesentlich für eine gesunde Beziehung. Es gehört einfach dazu. Ein wirkliches Problem entsteht immer erst dann zwischen zwei Menschen, wenn beide resignieren, trotzig werden oder wütend und darum aufhören, miteinander zu reden. Viele denken an diesem Punkt dann recht frustriert: »Es nützt ja doch nichts.« Dann steht so mancher sicherlich kurz vor der inneren Kündigung.

Beim »liebevollen« Streiten sagt man sich Dinge, die einem wichtig sind. Der andere hört zu und lässt den anderen ausreden. Jeder darf seine Meinung ungestört äußern, und erst danach kommt der Zuhörer zu Wort. Wir haben uns über die Jahre auf diese Art sehr gut kennengelernt und wussten darum meist beide schon vorher, was der andere in einer bestimmten Situation fühlt und denkt. Wenn einmal Bärbel bestimmte Themen besonders wichtig waren, dann hatte ich gelernt, auch mal zurückzustecken und zu verzichten. Dafür wurde dann bei einer anderen Sache Rücksicht auf meine Interessen genommen.

Ein wichtiger Satz von Bärbel, den sie oft zitierte, war: »Willst du recht haben oder willst du Freunde haben?« Beides zusammen geht nicht. Manchmal geht es in unseren Beziehungen einfach nur darum, den anderen anzunehmen, wie er (oder sie) ist, und ihm das Gefühl, »Ich höre dir zu«, »Ich nehme dich ernst«, »Du hast recht« und »Ich glaube dir«, zu vermitteln. Fühlt der andere sich akzeptiert, entsteht Nähe und Vertrautheit. Fühlt der andere sich untergebuttert und übergangen, entsteht Distanz und Kälte.

Um das Miteinander zwischen Männern und Frauen besser verstehen zu können, hat uns ein Buch sehr geholfen, »Hallo Tarzan« von Gigi Tomasek. Sie gibt schon seit Langem Seminare für Frauen, in denen es einzig und allein darum geht, in Beziehungen glücklich zu sein. Ihre Erfahrungen als Paartherapeutin hat sie in ihrem Buch dargelegt. Bärbel war von diesem Buch so begeistert, dass sie es immer wieder in Vorträgen verwendete. Gigi hat sich darüber sehr gefreut und uns auch schon mal zu einem kleinen Essen

besucht. Ich persönlich finde sie sehr authentisch,
denn sie weiß, wovon sie spricht. Im Jahr 2008
veranstalteten Bärbel und Gigi ein gemeinsames
Seminar zum Thema Beziehungen. Gigi gibt
auch auf Bärbels DVD »Zweisam statt einsam«
ein aussagekräftiges Interview zu ihrer Arbeit.
Weil Bärbel dieser Ansatz für Partnerschaften so
wichtig war (und er uns auch sehr geholfen hat),
möchte ich ihn hier kurz vorstellen.

Im Grunde geht Gigi von drei sehr einfachen
Annahmen aus, die einer Frau zu einer verbes-
serten Beziehung verhelfen können.

1. Alle Männer wollen ihre Frauen glücklich
   machen.

Prinzipiell ist in jedem Mann der gute Keim gelegt, der ihn antreibt, alles für seine Frau zu tun.
Die Frage ist darum: »Warum tut er es dann
nicht?« Das führt uns zum zweiten Axiom zwischenmenschlicher Beziehungen:

2. Männer spielen immer Fußball.

Entweder die Frau spielt in seiner Mannschaft.
Dann tut er alles für sie. Oder sie spielt beim
Gegner. In diesem Fall ist sie der Feind. Nehmen
wir Annahme eins und zwei zusammen, ergibt

sich das Postulat: Männer machen ihre Frauen darum nicht glücklich, weil sie denken, ihre Frau spielt beim Gegner. Nun, würde ich so denken, ich würde den Feind sicher auch nicht unterstützen. Gibt es eine Lösung in diesem Dilemma? Zum Glück ja:

3. Übernimm 100 Prozent Verantwortung für deine Beziehung.

Im Falle der Empfehlungen von Gigi Tomasek übernimmt dies zunächst einmal die Frau. Jeder Mann könnte diese Rolle aber in seiner Partnerschaft auch übernehmen.

Warum denkt ein Mann, die Frau sei ein Feind und zum Gegner übergelaufen? Das beginnt bei den kleinen Sticheleien, auf die sich Frauen so gut verstehen: »Na, bist du wieder zu spät von der Arbeit zu Hause?« »Hast du schon wieder den Geburtstag meiner Mutter vergessen?« »Immer sitzt du nur vor der Glotze.« – Jeder mag hier einfügen, was ihm aus dem ganz normalen Alltagsleben bekannt vorkommt.

Um diese angespannte Beziehungslage zu verbessern, muss frau/man zukünftig nur das genaue Gegenteil tun.

Drehen wir es also um: »Schatz, wie schade, dass du wieder so lange arbeiten musstest. Sicher hast du ganz viel zu tun und wichtige Dinge zu erledigen. Also, ich bewundere dich, wie du das alles schaffst. Komm, ich hab das Essen warm gestellt, lass uns jetzt gemeinsam essen und du erzählst mir, was für ein spannendes Projekt du gerade abwickelst.«

Und auch das zweite Beispiel verändert sich: »Schatz, du hast bestimmt so viel um die Ohren, dass du ganz sicher den Kopf voll hast mit den wichtigen Dingen deines Jobs. Ich kann sehr gut nachvollziehen, dass du den Geburtstag meiner Mutter vergessen hast. Das verstehe ich gut.«

Aus der dritten Anschuldigung würde: »Schatz, ich verstehe gut, wie wichtig es dir ist, dich nach deinem anstrengenden Tag zu entspannen. Ich finde es bewundernswert, wie du mit deinem fordernden Chef und deinem stressigen Büroalltag zurechtkommst. Komm, ich lege mich jetzt zu dir aufs Sofa und kuschele ein bisschen mit dir. Lass uns zusammen einen Film anschauen, den du magst.«

Der Ton macht die Musik. Auch wenn diese Fallbeispiele überzogen erscheinen mögen, so wird doch deutlich, worum es geht.

Der Mann bekommt bei liebevoller Ansprache das Gefühl, meine Frau mag mich, meine Frau bewundert mich, meine Frau respektiert mich voll und ganz. Und weil im Universum alles zurück zum Absender kommt, dauert es nicht lange, und auch der Mann wird diese Frau mögen, bewundern und respektieren. Das meint die These, man solle 100 Prozent Verantwortung übernehmen.

Eine kleine Fußnote gibt es zu diesem Thema aber noch. Eine Frau kann noch etwas tun, um es dem Mann zu vereinfachen, sie glücklich zu machen. Und das ist ein kleines Geheimnis.

Das Beispiel: Mann und Frau gehen kurz vor Weihnachten durch ein festlich geschmücktes Einkaufszentrum. Die Frau geht zum Juweliergeschäft und sagt: »Guck mal, Mausi, was für ein schöner Ring!« Der Mann schaut kurz hin, murmelt: »Ja, ja«, und will weiter zum Glühweinstand.

Was ist geschehen? Die Frau hat in ihrer Welt eindeutig vermittelt, diesen Ring gern zum Fest geschenkt bekommen zu wollen. Der Mann hat kein Wort verstanden. Denn insgeheim ist es ein versteckter und tiefer Wunsch in der Frau, dass der Mann ihren Wunsch errät, bevor sie ihn ausgesprochen hat. Darum deutet sie ihn nur an, versteckt ihn geradezu. Und da wir Männer in der Mehrzahl leider nur bedingt hellsichtig bewandert sind, funktioniert die Wunscherfüllung leider nur ganz selten. Helfen würde sicher, einfach mal zu sagen: »Schatz, schenk mir doch bitte diesen Ring.« Aber ich sehe ein, das ist vielleicht zu viel verlangt.

In einer Passage der »Rabenvaterschnullerbe-festigungsanlage« lässt Bärbel unsere Zwillinge auch zum Thema Partnerschaft philosophieren:

»Die Zwillinge erzählen weiter:

Zu guter Letzt bei einer Wickelsession am Wickeltisch fragte Papa sich, warum er ausgerechnet zu Hause manchmal so leicht aufbrausend wird. Er wäre sonst eher ruhig und zurückhaltend, sagt er. Aber kaum ist er hier bei uns, platzt ihm viel leichter der Kragen. Papa meinte, er frage sich manchmal, ob Mama nicht heimlich auch manchmal ein bisschen wütend ist und es vertuscht. Er lebt deswegen möglicherweise, ohne es zu merken, die kumulierte Aggression von beiden aus.

Wir haben zwar nicht gewusst, was ›kumuliert‹ heißen soll, aber wir haben trotzdem in wilder Zustimmung gestrampelt. Genauso sieht es näm-lich aus bei unserer Mama. Sie ist ein bisschen harmoniesüchtig und hat einfach keine Lust auf Konflikte und darum tut sie freundlich, auch wenn sie lauter grummelige Gedanken hat. Und da wir und Papa ja nicht blöd sind, merken wir das aber trotzdem. Nur dass Papa scheinbar ge-rade erst anfängt zu merken, dass er es merkt, ohne es zu merken ...

Manchmal nämlich, da redet Mama zwar mit sehr netter, freundlicher Stimme und normalen

Worten mit uns, aber irgendwas an der Stimm-
lage verrät uns, dass sie schon total ungeduldig ist
und gerne hätte, dass wir – zack, zack! – schneller
einschlafen, länger allein spielen oder sonst was.
Wir fangen dann einfach mal an zu schreien, weil
wir mangelnde Authentizität ganz schlecht vertragen können. Bäh!

Mama rollt dann immer mit den Augen und
murmelt irgendwas von ›Meine Kinder, meine
Gurus, ich gebe es auf‹. Und dann lässt sie ihre
furchtbar dringende Arbeit doch einfach liegen
und spielt lieber mit uns oder fühlt erst mal in die
Stimmung rein, was denn jetzt ›im Fluss‹ sein
könnte, wie sie es nennt. Ein seltsames Sprichwort, warum wir dazu im Fluss schwimmen sollen, das müssen wir schon sagen. Das Wort ›Authentizität‹ ist auch schwierig, aber das haben
wir schon kapiert, aber dass mit dem Fluss und
dem ›Kumuliert‹ konnten wir noch nicht so richtig übersetzen.

Na egal. Papa merkt es jetzt jedenfalls auch gerade. Mama kocht manchmal wegen irgendwel-
chen Dingen innerlich, aber aus Harmoniesucht
und als Konfliktvermeidungsstrategie tut sie ganz
freundlich. Dabei fehlt aber das Gefühl von echter
Nähe, weil sie sich natürlich innerlich zurück-
zieht. Und das macht dann Papa knurrig, und er
flippt über irgendwas aus, ohne so recht zu wissen, warum er gerade so reizbar ist.

Eigentlich sollte er sich unabhängig machen von Mamas ›geheimen Launen‹, meinte er vorhin am Wickeltisch, als er uns zum Schluss noch die Socken anzog. Er werde daran arbeiten, beschloss er. Wir nicht, wir schreien einfach weiter los, wenn uns die Stimmung nicht gefällt. Das ist so schön schlicht und auf jeden Fall total authentisch – ein klasse Wort übrigens! Wir fühlen uns gleich sehr gelehrt, wenn wir es verwenden.«

Die Kunst der Leichtigkeit

Liebevoll Konsequenz zu ziehen kann auch zwischen Erwachsenen eingeübt werden. Es ist ganz superwichtig, über Gefühle zu reden. Auch Streiten ist manchmal okay. Vor allem geht es aber darum, Konflikte offen anzuschauen, um sie lösen zu können. Denn das Schlimmste wäre, gar nicht mehr miteinander zu kommunizieren.

8
Vorträge und Seminare

Wende dich nicht nur ans Universum, wenn du Probleme hast. Teile auch deine guten Momente, so wie: »Hey Universum, hast du das gesehen? Was für ein schönes Feuerwerk! Ein lachendes Kind! Ein toller Erfolg – das ist so wunderbar. Universum, ich sende etwas von meiner Freude zu dir!«

Bärbel

Die persönlichen Erfahrungen, die Bärbel in ihrem Leben machen durfte, flossen zumeist umgehend in ihre Bücher ein. Gerade das machte sie ja so unterhaltsam. Aber auch ihre Vorträge und Seminare waren voller eigener Erfahrungen. Es kam so gut wie nie vor, dass sie ein und denselben Vortrag mehrfach hielt. Immer bemühte sie sich, aus dem Hier und Jetzt zu sprechen und aktuelle Themen aus der Welt und ihrem Leben dabei einzuflechten.

ERINNERUNG: Auf einem Vortrag in Zürich auf der Messe Lebenskraft hatte Bärbel ihre Seminarunterlagen zu Hause vergessen. Das muss so 2006 gewesen sein. Zuerst war sie sehr nervös und wollte in aller Schnelle zusammenschreiben, was ihr noch von der Vorbereitung für den Vortrag im Kopf war. Meistens setzte sie sich am Vorabend hin und ging ihre Planung grob durch. Doch statt sich Stress zu machen, entschloss sie sich nun, auf ihre innere Führung zu vertrauen. Wir gingen also an den nahe gelegenen Zürichsee zum Spazieren. Und sie ging ohne jede weitere Vorbereitung in den Vortrag. Im Seminar war sie sehr locker und entspannt. Gleich zu Anfang machte sie ein paar nette Witze über ihre Vergesslichkeit, und das Züricher Publikum kam ihr sehr freundlich entgegen. Viele sagten später, dies sei ihr bester Vortrag gewesen. Das fand ich auch. Später lernten wir daraus, es immer so zu machen: Die Unterlagen waren zwar in Griffweite, aber wir verzichteten seit dem Züricher Vortrag meist ganz darauf, sie zu verwenden.

Was viele nicht wissen: Auch bei den Vorträgen und dem Lebensfreude-Seminar fing sie ganz klein an. Ihren ersten öffentlichen Vortrag hielt Bärbel etwa fünf Jahre vor der Entstehung der »Bestellungen beim Universum«. Sie wurde gebeten, vor dem »Rat der Weisen« in München einen Vortrag über das Wünschen zu halten. Diese Gruppe bestand aus den bekannteren Münchner Esoterikern und Coaches jener Zeit (und hatte sich selbst diesen nicht so ernst zu nehmenden Titel gegeben). Obwohl Bärbel alle vierzehn Leute persönlich kannte, musste sie wie eingangs berichtet vorher ein Glas Baldrian leeren, um überhaupt einigermaßen ihre Redezeit bewältigen zu können. So nervös war sie.

Später erzählte sie mir von einem Trick, um einen Vortrag ohne jede Aufregung bewältigen zu können. Sie stellte sich einfach vor, all die Anwesenden seien gute Freunde von ihr. Darum konnte sie ganz in das Gefühl gehen, mit lauter Carstens, Peters oder Holgers im Raum zu sein und gemütlich mit ihnen zu plauschen. Oft suchte sie sich auch besonders nette und lächelnde

Menschen in der ersten Reihe heraus und sprach innerlich nur zu ihnen. So gelang es ihr immer besser, locker in die Veranstaltungen hineinzugehen.

Das Lebensfreude-Seminar gab es auch schon einige Jahre länger als die Bücher, das erste datiert etwa um 1995. Damals war Bärbel noch völlig unbekannt und veranstaltete ihr erstes Seminar mit fünf Teilnehmern, darunter drei engen Freunden, die eingeladen wurden. Genau wie beim Schreiben machte sie es aus der Freude heraus und nicht aus Profitdenken. Sie selbst hatte die meiste Freude dabei, anderen Übungen und Weisheiten zu vermitteln, die sie selbst in ihrer jahrelangen Zeit als Seminarbesucherin kennengelernt hatte.

ERINNERUNG: Als ich das Büchlein »Bestellungen beim Universum« gekauft hatte, kannte ich Bärbel noch nicht persönlich. Ich war sehr angetan von den im Buch beschriebenen Seminaren und wollte gleich teilnehmen. Das Lebensfreude-Seminar hatte aber nach Ende meiner Lektüre gerade erst stattgefunden, das nächste war erst im folgenden Jahr. Ich wünschte mir darum sehr, dort auch einmal teilnehmen zu können. Wie das mit dem Wünschen so geht: Wenige Jahre später war ich nicht nur Teilnehmer, sondern gemeinsam mit Bärbel auch Kotrainer dieses Seminars geworden. Wenn das keine Wunscherfüllung ist!

Noch eine erfüllte Bestellung hängt eng damit zusammen. Kurze Zeit später interessierte ich mich für den Avatar-Prozess, der damals sehr populär in Deutschland war. Mir fiel ein Flyer in die Hände, auf dem ein wunderschöner Seminarraum dargestellt war, eine Pyramide mit wunderschönen großformatigen Bildern. Ich wünschte mir damals, einmal in dieser Pyramide an einem Seminar teilnehmen zu dürfen. Als ich dann mit Bärbel zusammen war, durfte ich voller Freude feststellen, dass die Lebensfreude-Seminare immer in diesem Raum stattfinden, im Hotel Sonnenstrahl in Kißlegg. Der Raum hat so eine gute Energie, dass selbst indische oder hawaiianische Seminarleiter davon begeistert sind. Normalerweise klären sie den Raum oder die Energie als Vorbereitung auf ihr dort stattfindendes Seminar. Die Pyramide in Kißlegg hat so eine positive Grundschwingung, dass alle Seminarleiter befinden, auf eine energetische Klärung dieser Form verzichten zu können.

1999 schreibt Bärbel im »Sonnenwind 6« zu ihren ersten Lebensfreude-Seminaren:

»Lebensfreude-Seminare finden derzeit unregelmäßig, aber trotzdem immer wieder statt. Immer dann, wenn ich mal wieder ein Wochenende mit lauter netten, vergnügten und unbefangen natürlichen Leuten verbringen möchte, wenn mir der Sinn nach Spielen, Energiefühlen (ganz ohne Ernsthaftigkeit), vielleicht mal einer Trancereise und Wahrnehmungsspielen steht – und wenn ich dann noch ein bisschen Zeit habe (das ist genau wie beim ›Sonnenwind‹, der ist genauso ein Hobby von mir und erscheint auch immer dann, wenn ich Zeit habe) –, dann gibt es wieder so ein Lebensfreude-Wochenende an einem schönen Ort mit mir und einem zweiten Leiter (ich habe immer jemand Zweites dabei, denn schließlich will ich ja auch ein paar Überraschungen im Programm erleben, ist doch klar).«

Aber um wirklich die Erfahrung des Lebensfreude-Seminars vermitteln zu können, möchte ich eine damals 14-jährige Teilnehmerin namens Petra zu Wort kommen lassen. Sie ist die Tochter einer guten Freundin von uns und war schon mehrmals bei uns auf dem Seminar. Bärbel gab in einem Newsletter aus dem Jahr 2008 ihren Brief weiter:

»Die 14-jährige (Petra) und ein 19-jähriger Teilnehmer des Seminars vertrugen sich besonders gut, weil sie ähnliche Problemthemen hatten. Er hatte gerade seine Hass-Liebe-Thematik mit seiner Mutter gelöst, und Petra steckte noch mittendrin in den Problemen mit ihrem – zumeist abwesenden – Vater. Der Vater hatte die Familie verlassen, als Petra vier war, und war offenbar kein ganz einfacher Typ.

Na ja, das Seminar nahm jedenfalls seinen Lauf. Petra und der 19-Jährige waren mehr oder minder unzertrennlich, und ich schickte schon unseren Babysitter hinterher zum Aufpassen, weil ich mich verantwortlich fühlte gegenüber der Mutter. Aber Brigitte, unsere hoch qualifizierte 1-a-Kinderbetreuerin, beruhigte mich: Die zwei wären ganz brav. Sie hätten sich nur richtig dicke angefreundet. Ich war also beruhigt.

Auf der Heimfahrt konnte ich von Petra nicht allzu viel erfahren, wie es ihr gefallen hatte, weil die Rückbank erneute Fachgespräche führte. Ich fragte Petra aber noch, ob sie Lust hätte, mir ein Feedback zu schreiben. Ich würde gerne eine Rundmail an alle Interessenten schicken, mit der Info, dass sich auch Teenies bei uns wohlfühlen und dass wir deshalb einen Supersonderrabatt für sie einführen, um die Jugend zu fördern. Das fand sie gut und sie schrieb mir folgendes Feedback:

›Also, ich glaube, für Jugendliche ist es sehr wichtig, zu so einem Seminar zu gehen! Bei Jugendlichen wirken diese Seminare eigentlich perfekt, weil sie sich sowieso noch in einer Phase des Lernens befinden. Nur weil sie jung sind, heißt das nicht, dass sie nicht auch ähnliche Probleme haben wie erwachsene Menschen. Mir haben die Seminare schon sehr gut geholfen.

Auf dem letzten Seminar habe ich zum allerersten Mal erkannt, dass ich mir immer eingeredet habe, ich würde meinen Vater hassen, weil ich dachte, er hasst mich auch (er hat uns verlassen, als ich vier Jahre alt war). Ich bin am letzten Tag nach Hause gekommen, habe mich an den Computer gesetzt und meinem Vater eine sehr lange E-Mail geschrieben, wie sehr ich ihn liebe. Daraufhin kam eine doppelt so lange E-Mail zurück, wie sehr er mich auch liebt, wie oft ich ihn schon verletzt habe und dass er mich versteht. Das muss man sich mal vorstellen: Mein Vater, der mir noch nie in meinem Leben gesagt hat, dass er mich liebt, schreibt so was.

Hätte ich das nicht erkannt, dass ich meinen Vater lieben muss, um mich selbst zu lieben, weil er ein Teil von mir ist, der immer bei mir sein wird, wäre ich vielleicht mit 80 unglücklich gestorben, ohne diesen Teil von mir zu akzeptieren und anzunehmen. Wenn ich es erst mit 30 oder 40 bemerkt hätte, wäre es mir (und ihm) womöglich viel schwerer gefallen.

Außerdem lernt man beim Seminar, auf sich selbst und sein Herz oder Bauchgefühl zu hören. Wenn man älter ist und das nie gemacht hat, braucht man offenbar echt lange, um das zu lernen. Und es ist wichtig, auf sich zu hören, weil nur du weißt, was gut für dich ist! Wenn ich das jetzt mit 14 Jahren kann, werde ich immer die richtigen Entscheidungen für mein späteres Leben treffen können, die gut für mich sind!

Die Jugend von heute ist im Allgemeinen ziemlich oberflächlich. Natürlich werde ich auch in diese Schublade gesteckt: »Oh, 14 Jahre alt = alle gleiche Klamotten, gleiche Frisur, gleiche Ernährung, gleiche Art, sich jedem halbwegs gut aussehenden 16-Jährigen an den Hals zu schmeißen, gleiche Oberflächlichkeit ....« *Stimmt ja auch, die meisten Jugendlichen von heute sind äußerlich alle gleich. Die meisten wollen unbedingt nicht auffallen und dazugehören, aber nicht ALLE!!!!!!!*

Und eigentlich würde jeder, der erst mal seine Pubertäts-Bockigkeit überwunden hat, freiwillig und mit Motivation auf ein Bärbel-Mohr-Lebensfreude-Seminar gehen! Das glaube ich zumindest. Liebe Grüße, Petra.«

(Ein Freund von uns meinte, nachdem er dies von Petra gelesen hatte, da habe er leider 30 Jahre länger für gebraucht. Er hätte sich viel ersparen können, wäre er mit 14 schon so schlau gewesen.)

Die Kunst der Leichtigkeit

Das Geheimnis von Bärbels Vorträgen und Seminaren war es, alle Menschen im Zuhörerkreis als gute Freunde zu betrachten. Ihr fiel das Reden vor großen Menschengruppen anfänglich auch sehr schwer. Sie beherrschte meisterhaft die Kunst, frei und ohne Konzept zu reden und geschehen zu lassen, was sich während des Vortrags entwickelte. Fragen waren immer erlaubt und willkommen.

9
Wenn das Schreiben im Blut liegt

Wenn dir nicht reicht, was das Universum dir liefert, bleibt dir nur, an dir selbst zu arbeiten und mehr Licht und Liebe zu werden. Denn nach dem Resonanzgesetz kannst du nur Dinge in dein Leben ziehen, die ähnlich viel Licht und Liebe enthalten wie du selbst.

Bärbel

Trotz der jungen Familie schaffte es Bärbel immer wieder, sich Zeit zum Schreiben freizuschaufeln. Schaut man die Vielzahl ihrer Bücher an, fragt man sich sicher, wie ist sie nur auf die vielen Ideen gekommen. Die Antwort lautet: Es war genau umgekehrt – die Ideen kamen zu ihr.

Bärbel war meisterhaft darin, beim Schreiben die Umstände einzubauen und zu »verwerten«, die sich gerade in ihrem Leben zeigten. Scheinbar alles war bei ihr als Beispiel für ein neues Buch verwendbar. Sie konnte ganz wunderbar mit dem Auge der Autorin zuschauen, was in ihrem Leben geschah. Gesprächsinhalte und Geschehnisse sammelte sie ein und führte beim Schreiben dann einfach nur zusammen, was aus ihrer Sicht sowieso schon da war. Das war ihre große Kunst. Sinnbildlich sammelte sie Stroh und Holz, lagerte es an einem trockenen Platz, und irgendwann kam dann ein Funke von Inspiration, der den Stapel zum Brennen brachte. Und das geschah immer ganz von selbst. Es war ganz und gar selbstverständlich für sie, immer und überall Material zu sammeln, um es dann zu ernten, wenn die Zeit dafür reif war. Und dann wollte, ja musste es aus ihr heraus. Sie brauchte dieser Kreativität dann nur den Raum und die Zeit zu geben. Ihre Bücher flossen einfach so aus ihr heraus, und sicher ist dies auch Ausdruck der

Leichtigkeit, die in jeder Zeile mitschwingt. Bärbel musste ihre Bücher nicht schreiben, es war keine Mühe, keine Arbeit für sie, nein, ihre Bücher schrieben sich in gewisser Weise immer auch selbst. Das Universum schrieb durch sie.

Das erste Buch, dessen Entstehung ich in dieser Weise miterleben durfte, war »Der Skeptiker und der Guru«. Dieser Roman handelt vom Besuch eines frisch verliebten Pärchens in einem indischen Aschram und beschreibt die Entwicklung ihrer Beziehung anhand der dortigen Geschehnisse. Der Guru spielt dabei natürlich eine prägende Rolle für die beiden, denn die Frau ist völlig begeistert von ihm. Der Mann dagegen ist eher nüchtern eingestellt. (Ich habe übrigens nichts mit diesem Mann zu tun, diese beiden Hauptdarsteller des Buches sind alleinig Wesensteile von Bärbel. Das musste hier mal gesagt werden.)

Das Buch entstand, wen wird es wundern, während unserer 14-tägigen Reise zu einem indischen Guru. Bärbel und ich waren gerade ein paar Monate zusammen und die Kinder noch nicht auf der Welt (aber sie waren es dann genau neun Monate später). Bärbel hatte von diesem Guru gehört und war restlos begeistert, denn er sprach leidlich Deutsch, war sehr lustig und vor allem war er ein Guru zum Anfassen, der mit den Besuchern spielte, sang und die Tage verbrachte. Viele Gurus lassen sich nur von der Ferne bewundern, und ihre Aschrams sind so überlaufen, dass man sie selbst nur selten zu Gesicht bekommt. Das wäre nichts für uns gewesen.

Nun, das war hier ganz anders. Schon am ersten Tag nahm uns der Guru in den Arm, fütterte uns, sprach mit uns und ließ hin und wieder ein bayrisches »Luja, sog I« vernehmen. Am nächsten Tag kamen jedoch andere Besucher, die er genauso vorrangig behandelte. Dann wurde es Bärbel irgendwie zu langweilig. Der Tagesablauf wurde nämlich vor allem durch das lange Warten auf den Guru bestimmt, der manchmal länger und manchmal gar nicht bei den Besuchern erschien. Aber der Funke war gesetzt. Bärbel verspürte in sich unbändige Lust zu schreiben. Zwar hatte sie keinen Rechner dabei, aber dafür eine zusammenklappbare Tastatur und ein kleines Notebook. Und schon ging es los. Sie verbrachte die meiste Zeit im Zimmer und schrieb die Geschehnisse des Tages vermischt mit ihren anderen Erfahrungen aus ähnlichen Aschrams auf. Ein Buch entstand.

Meine Rolle war eine Art »Außendienst«, das heißt, in Gesprächen mit den Besuchern sammelte ich Informationen (ja, ja, ich war ein Spitzel, ihr habt recht) und gab vor allem »Gurualarm«, wenn der Herr und Meister endlich geruhte, uns alle mit seiner Anwesenheit zu beglücken. Dann kam auch Bärbel dazu, um live und in Farbe recherchieren zu können. Das Buch erschien im Jahre 2002.

Auch in ihrem Onlinemagazin schrieb Bärbel damals von dieser Reise:

»Für was fährt ein Mensch zu einem indischen Guru? Ebenfalls zur Heilung, zur Bewusstseinserweiterung oder weil man persönlich erleben möchte, ob Materialisation möglich ist (von Schmuckstücken, heilender Duftasche etc.). Indien ist denkbar uneuropäisch und so sind es auch seine Gurus. Wer keine Nerven hat, sich für eine Erlebnisreise auf die ganz anderen Sitten einzulassen, bleibt lieber gleich zu Hause.

Wir (Bärbel und Manfred) haben unsere Wunschzwillinge in einem indischen Ashram gezeugt, und der kleine goldene Ring mit dem grünen Stein, den ich manchmal trage (ich trage sonst nie Schmuck), ist vom selben Guru materialisiert worden. Ich bin von der Echtheit deshalb überzeugt, weil mir die Ringe, die ich bei anderen gesehen hatte, allesamt nicht gefallen haben: zu groß, zu pompös, zu schrill. Ich hatte mir gedacht, dass ich so einen Ring ganz sicher nur tragen würde, wenn er klein und fein wäre, der Stein grün, und wenn er auf den linken Ringfinger passt. Alles andere kommt nicht infrage. Das habe ich laut zu gar niemandem gesagt, und trotzdem hat mir kurz darauf Sri Bala Sai Baba genau so einen Ring materialisiert und auch, ohne groß zu fragen, auf den richtigen Finger gesteckt, wo er hervorragend passt. Zweifel ade. Wer es nicht glaubt, kann selbst nachgucken fahren, aber ohne Garantie, das Gleiche dort zu erleben. :)))

Jedenfalls sind bei ihm im Gegensatz zum weit bekannteren und wesentlich älteren Sathya Sai Baba nur kleine Gruppen im Aschram (außer er hat gerade Geburtstag oder sonst ein Fest findet statt). Manchmal sogar nur 20 bis 30 Leute (bei Sathya Sai Baba sind es immer Zigtausend).«

Auch ein anderes Buch aus dem Jahr 2008, »Wie man durch inneren Reichtum mit äußerem Reichtum umgeht«, ist scheinbar eher durch einen Zufall entstanden. In der Ankündigung für dieses Buch schrieb Bärbel damals in ihrem Newsletter:

»Zu diesem Buch bin ich ein wenig wie die Jungfrau zum Kinde gekommen. Wir haben uns mit Freunden beim Weihnachtssingen 2006 ganz nebenbei über frustrierte Millionäre unterhalten und darüber, wie in diesen Kreisen manch einer mit seinem Geld umgeht. Auf Millionärsmessen beispielsweise wird zum Teil großer Unfug verkauft. Millionärsmessen sind

Messen, auf denen es alles, was man sich nur ausdenken kann, in superteuer und luxuriös gibt. Also
unter anderem mit Saphiren besetzte Klobürsten,
Fußabtreter mit Goldrand und andere wichtige
Dinge.

›Schreib doch einfach einen Millionärsratgeber
für Millionäre‹, meinte Michael daraufhin. Nette
Idee, fand ich, aber da ich schon einen ganzen Ord-
ner voll mit anderen netten Ideen habe, dachte ich
nicht, dass auch aus dieser Idee wirklich etwas werden könnte.

Das Merkwürdige war nur, dass in den nächsten
Wochen jeder Zweite, den ich kenne – und das sind
eine Menge Leute –, mit Berichten über irgendwel-
che innerlich unausgefüllten Millionäre bei mir auf-
tauchte. Einige davon lernte ich auch selbst kennen,
von anderen hörte ich nur die Geschichten. Wieder
andere sprachen mich auf Vorträgen an. Das Thema verfolgte mich regelrecht.

Irgendwann lag ich dann im Bett und dachte:
Jeder will Millionär werden, und dazu gibt es Unmen-
gen von Ratgebern. Aber was ist, wenn man Millionär ist? Dann hören die Ratgeber plötzlich auf. Und
mit den Millionen erwirbt man sich ja nicht automatisch Weisheit mit dazu. Ohne inneren Reichtum
nützt der ganze äußere Reichtum nichts. Man macht
weder sich selbst glücklich noch ist man in der Lage,
sinnvoll zum Wohle des Ganzen zu investieren. Jemand müsste wirklich mal einen Ratgeber für mehr

inneren Reichtum schreiben, ganz speziell zuge-
schnitten auf die Situation von Millionären.
  Und dann hagelte es Ideen, was in so einem Rat-
geber alles hineingehören würde. Zuerst schaltete
ich nur mehrfach das Licht an, machte mir Notizen
und knipste das Licht wieder aus. Aber als die Ideen
immer mehr wurden und mich am Einschlafen hin-
derten, gab ich es irgendwann auf, stand wieder auf
und schrieb die ersten zehn DIN-A4-Seiten.
  Na ja, sechs Wochen später war die erste Fassung
des Manuskripts schon fertig. Ich schickte es an 30
Millionäre zum Probelesen. Das Feedback war sehr
unterschiedlich. Von grauselig bis erleuchtend und
erleichternd und dankbar für gute Ratschläge war
alles dabei. Beispielsweise steht irgendwo im Manus-
kript das Beispiel eines Millionärs, der sich alle sechs
Monate ein neues, möglichst teueres Auto kauft. Er
sagt mir, dass er jedes Mal für mindestens drei
Tage high und völlig begeistert sei. Aber danach
wäre das tollste Auto eigentlich nur noch ein Fortbe-
wegungsmittel, und er halte Ausschau nach dem
nächsten Höhepunkt.
  Mit all diesen Feedbacks habe ich das Ganze dann
noch mal gründlich überarbeitet, noch vier Inter-
views mit unterschiedlich reichen Millionären mit
dazugeschrieben, und fertig war das Ganze.
  Nächstes Weihnachten werde ich das fertige Buch
jedenfalls als Überraschung zu unserem kleinen
Weihnachtssingen mitbringen. Die werden staunen,

was aus diesem damals so einfach dahingesagten Satz geworden ist ...«

Die Kunst der Leichtigkeit

Bärbel war ausgezeichnet darin, die Geschehnisse ihres Lebens zu sammeln, zu deuten und in ihren Büchern und Vorträgen zu verwerten. Ihre Bücher sind voll von eigenen Erfahrungen, um sie ihren Lesern als gute oder schlechte Beispiele geben zu können. Darum schrieben sich ihre Bücher meist von selbst. Bärbel musste dazu nur nutzen, was sowieso schon da war. Ähnlich hat Michelangelo seine Skulpturen erschaffen. Er meinte, die Skulptur sei einfach zu behauen gewesen, er habe sie nur von überflüssigem Stein befreien müssen.

10

Wie es mit den Büchern weiterging

Stell dir vor, du hättest das Objekt deines Wunsches bereits in deinem Besitz. Wie würdest du dich fühlen, wie würde dein Tag aussehen, was würde sich verändern? Lass dich ganz tief hineinsinken in dieses Gefühl. Und wenn du dann ganz in diesem Gefühl bist, sag Danke dafür. Dies ist eine sehr kraftvolle Art, die gewünschten Dinge in dein Leben zu ziehen.

Bärbel

Da nach der Geburt der Zwillinge im Jahr 2001 die Themen Kinder und Erziehung nun den größten Teil unseres Lebens ausmachten, lag es nahe, auch dazu zu schreiben.

Es brauchte nur noch einen letzten Anstoß, um es dann auch wirklich zu tun. Bärbel wartete da gern auf ein Zeichen des Universums. Meist zeigte sich ein neues Buch, indem innerhalb kürzester Zeit ganz viele Menschen mit diesem Thema in unser Leben traten.

Bärbel sah sich wie gesagt selbst eher skeptisch in ihrer Mutterrolle. Darum war ein mögliches Buch über Kinder für sie vor allem mit dem Zweifel behaftet, doch eher wenig Konstruktives dazu sagen zu können. Sie fragte sich dann, ob sie den vielen »besseren Müttern« in der weiten Welt wirklich etwas zu sagen hätte. Wie immer sah sie sich auch bei diesem neuen Thema als Lernende, die zuerst selbst so viel darüber zu lernen hatte, bis sie das Gefühl bekam, als Lehrerin damit nach außen gehen zu können. Das war aus meiner Sicht vielleicht das wichtigste Erfolgsgeheimnis von ihr: Sie blieb zeit ihres Lebens eine Lernende, die nie vergaß, wie es anderen Lernenden ergeht.

Sie konnte deswegen immer nachvollziehen, wenn andere Menschen etwas nicht verstanden, da sie selbst einmal an genau diesem Punkt stand. Ihre Bücher, Vorträge und Seminare lebten sehr von diesem Geist, Gleiche unter Gleichen zu sein. »Schaut her«, sagte sie sinngemäß, »auch ich hab das nicht verstanden und bin selbst gerade erst dabei, es ein wenig zu verstehen.« Das machte sie liebenswert, und darum berührten ihre Worte, egal ob sie als Buch oder als Rede zu den Menschen kamen.

Für ein Buch über Kinder bedurfte es nun eines besonderen Auslösers. Es war im Sommer 2003 auf einer Geburtstagsfeier im Garten von Pierre Franckh in München, als wir mit unserem Verleger Konrad über die vielen neuen Bücher zum Thema Indigokinder sprachen. Man konnte als Elternteil damals den Eindruck gewinnen, alle Welt hätte bereits solche übersensitiven Kinder und unsere »normalen« Kinder seien geistig wohl etwas zurückgeblieben. Viele Eltern in unserem Umkreis warteten darum bereits voll Sehnsucht auf die kleinsten Anzeichen, dass auch ihr Nachwuchs endlich hellsichtige Begabungen zeigt. Jeder wollte in dieser Zeit selbst ein Indigokind haben. Irgendwas schien da in der Welt gerade sehr schiefzulaufen. Und Bärbel fand, dazu könne sie sicher etwas schreiben.

Bei diesem Gespräch in der lauen Sommernacht wurde dann ein neues Buch geboren: »Lichtkinder«, von dem es auch ein schönes gleichnamiges Kartenset gibt. In diesem Buch geht es vor allem um die Aufforderung, jedes Kind aus sich heraus zu einem Lichtkind entwickeln zu lassen. Das Buch enthält vielfältige Anregungen, jedem Kind die Möglichkeit zu geben, die eigene Begabung selbst zu entdecken und zu fördern. Denn jedes Kind ist wundervoll und hat besondere Fähigkeiten, die liebevoll entfaltet werden möchten.

Das für mich netteste Bestellbuch überhaupt entstand kurz danach, um 2004. Es ist vom Grundsatz her eigentlich auch ein Kinderbuch, »Der Wunschfänger-Engel«, mit wunderschönen Bildern von Stephan Stutz. Es basiert auf einer Idee von Dieter Hörner und wurde von Bärbel ausgearbeitet.

Zwei Kinder liegen abends vor dem Einschlafen im Bett und unterhalten sich darüber, wie das Wünschen funktioniert. Gemeinsam träumen sie in dieser Nacht den gleichen Traum: Wünsche werden im Himmel von »Wunschfänger-Engeln« eingesammelt, die messen, welche Energie der Wunsch hat. Ausgeliefert werden können aber nur Wünsche, deren Energie derjenigen des betreffenden Menschen entspricht. Ist dessen Energie zu gering, wird ihm ein »Pro«-blem gesendet, das seine Energie erhöht, wenn er in gelassener Weise mit ihm umzugehen lernt. Bärbel schreibt in der Vorankündigung zu diesem Buch:

»Gewidmet all denen, denen das Motto gefällt: Pro-bleme sind dazu da, uns glücklicher zu machen, indem wir sie überwinden und dies mit Freude und Kreativität tun (›Pro-bleme sind eindeutig schon dem Namen nach etwas, was positiv und FÜR den Menschen ist, denn wenn sie gegen den Menschen wären, hießen sie ja sicher Contra-bleme‹, sagt Dieter Hörner). Das völlige Nichtvorhandensein von Pro-blemen macht unglücklich, denn es führt zu lebensfeindlicher Langeweile! ☺«

Das dritte Buch für Kinder (und jung gebliebene Erwachsene) heißt »Mama, wer ist Gott?« und erschien 2007. Ein kleiner Junge (Jonas) fragt vor dem Einschlafen seine Mutter: »Mama, wer ist Gott?« Aber leider sind die Antworten der Mutter nicht kindgerecht genug. Abends, als Jonas im Bett weiter über seine Frage nachgrübelt, geschieht Erstaunliches. Das Universum sorgt dafür, dass Jonas Hilfe bekommt. Ausgerechnet sein Teddybär wird zum Medium, mittels dessen das Universum ihm eine Antwort zukommen lässt, die ihm als »Kind der neuen Zeit« zu befriedigen vermag. Es ist als Bilderbuch gestaltet mit wunderschönen Zeichnungen, wieder von Stefan Stutz.

Auch die Bestellreihe wurde fortgesetzt: Noch während der Vorschulzeit der Kinder erschien 2003 ein weiteres Bestellbuch, »Reklamationen beim Universum«. Es ist gedacht als »Nachhilfe in Wunscherfüllung«. Das Buch ist voller kleiner Anekdoten und Parabeln und enthält auch Lebenstipps für jeden Tag.

2004 wurden dann in den »Jokerkarten« Weisheiten und Tricks der bisher erschienenen Bestellbücher in Kartenform gesammelt.

Das »Übungsbuch für Bestellungen beim Universum« (2006) hat seinen Fokus vor allem auf praktischen Anleitungen, wie man einen besseren Draht nach oben aufbauen kann.

Ein kleiner Quantensprung erfolgte 2007, als Bärbel gemeinsam mit Pierre Franckh den ersten »Wunschkalender« herausgab. Das Büchlein begleitet jeden, der als Zauberlehrling ein wahrer »Harry Besteller« werden möchte, über das Jahr. Die Wunschqualität jedes Tages wird astrologisch und numerologisch bestimmt, um den besten Zeitpunkt für eine Bestellung zu finden. Gemeinsam mit Bärbel und Pierre können Turbowunschtermine zum gemeinsamen Wünschen verwendet werden. Der astrologische und numerologische Rahmen wird bei diesem Kalender von mir gestaltet.

Bei Ullstein erschien dann auch 2007 der erste Bestell-Roman, »Das Universum, das Wünschen und die Liebe«. Es geht um eine Liebesgeschichte, bei der ein Paar sich über das Bestellen kennenlernt und sich mit der Zeit auch zusammenfindet – aber erst nachdem sich ihre Idealbilder vom Traumpartner in Luft aufgelöst haben. Das Buch ist sehr herzig geschrieben, und viele Menschen haben mir bereits berichtet, wie sehr sie sich in den Wirrungen der Partnerfindung wiedergefunden haben.

Die Kunst der Leichtigkeit

Wie entstehen Bücher? Bärbel folgte beim Schreiben sehr stark dem Fluss und lernte schnell, welches Thema sich gerade zeigen wollte. Meist zeigte sich ihr ein neues Buch, wenn innerhalb kurzer Zeit das betreffende Thema von zwei oder mehr Seiten her zu ihr hingeströmt kam. Oftmals waren es Treffen mit anderen Menschen, Telefonate oder Zufälle, die ihr ein betreffendes Buch näherbrachten. Sie verstand es sehr gut, sich vom Universum in dieser Hinsicht führen zu lassen. In dem Moment, in dem ein neues Buch entstand, war sie ganz im Hier und Jetzt.

11
Bärbel in England

Ich finde es schwierig zu sagen, wo die Grenzen sind in der Beurteilung von Karma oder Selbsterschaffen. Wenn ich bewusst im Hier und Jetzt an meiner inneren Reinigung und meinen inneren Einstellungen feile und liebevoll mit allen Menschen und Dingen und mit mir selbst an erster Stelle umgehe, dann tue ich auf jeden Fall eine Menge, um mich von Karma aller Art zu befreien. Ich denke, wer selbst hoch genug schwingt, der wird immer unerreichbar für niedrige Schwingungen aller Art, ob sie jetzt aus den Ahnenreihen kommen oder sonst woher. So, wie ein Vogel, der hoch fliegt, auch nicht von einer mickrigen Steinschleuder zu treffen ist.

Bärbel

Der Erfolg im deutschsprachigen Raum beeindruckt auch den englischen Markt. Da die Engländer den Buchstaben »ä« nicht kennen, wurde ihr Vorname einfach zu »Barbel« umgemünzt. Es brauchte jedoch einen Auslöser, um Bärbel wirklich über Nacht auch in England bekannt zu machen. Im Jahr 2006 erwähnte der bekannte Showmaster Noel Edmonds in einer seiner Sendungen eher beiläufig, wie sehr ihm die englische Fassung der »Bestellungen beim Universum« geholfen hatte, als er sowohl beruflich wie privat am Boden war. Die Welle in England wurde von Bärbel in einem ihrer Newsletter 2007 beschrieben:

»Bei Vorträgen und Seminaren kommt grad häufig die Frage, was in England vor sich geht. Einige wussten, dass ich bisher nur wenige Bücher in England verkauft habe (ca. 5000 Stück in fünf Jahren im gesamten englischsprachigen Raum). Und plötzlich findet man bei Amazon.co.uk zehn Bücher zu ›Cosmic Ordering‹. Was ist da los?

In Kürze war es so: Noel Edmonds, einer der bekanntesten englischen TV-Moderatoren (Thomas Gottschalk in Englisch vom Bekanntheitsgrad) hatte vor einigen Jahren einen totalen Karriereabsturz, und die Frau verließ ihn auch noch. Als er so richtig down war, empfahl ihm jemand mein Buch ›The Cosmic Ordering Service‹ (englische Ausgabe von ›Be - stellungen beim Universum‹) mit dem Kommentar, er solle es mal lesen, schlimmer könne es ja sowieso nicht mehr werden.

Noel hat es ausprobiert, sich ein neues Haus, eine neue Lebensgefährtin und eine neue Chance im TV bestellt. Ratzfatz hatte er alles drei und ist jetzt in England mit der Show ›Deal or no deal‹ (in England ein Riesenerfolg) wieder ganz obenauf. Daraufhin lud ihn ein anderer Showmaster als Talkgast in seine Show ein und fragte ihn, wie er so ein sagenhaftes Comeback geschafft habe. Noel antwortete, das habe er sich alles gemäß meinem Buch beim Universum bestellt!

In den folgenden Wochen schrieb halb England über ›Cosmic Ordering‹ in den Zeitungen, und zwar auf witzige Weise. Das war echt eine Überraschung. Die sind da überhaupt nicht so bissig und zynisch wie die skeptischen Journalisten hier, sondern sie machen Witzchen, über die ich mich ebenfalls kringelig gelacht habe. Die scheinen in England irgendwie angstfreier zu sein im Umgang mit Spiritualität.

Na ja, und in den nächsten Monaten schrieben neun weitere Autoren Bücher über ›Cosmic Ordering‹ im Titel, um am Thema des Sommers 2006 möglichst schnell mitzuverdienen. Zwei Monate nach Noels Kommentar im TV waren bereits die ersten auf dem Markt.

*Mir ist das recht, solange sie etwas Gescheites
schreiben: Je mehr Bewusstseinserweiterung, desto
besser.«*

Plötzlich stand Bärbel auf den Titelseiten, und
gleich mehrere namhafte Zeitungen brachten Artikel über das Bestellen und dessen Erfinderin.
Es folgten zahlreiche Radiointerviews, ein Fern-
sehauftritt und weitere Bücher, die für den englischen Markt übersetzt wurden. Der Verlag von
Louise Hay, Hay House, nahm nach dem großen
Erfolg in England jedes deutsche Buch von Bärbel, das mit »Cosmic Ordering« zu tun hatte, unter Vertrag. Bärbel hatte glücklicherweise durch
unsere englischsprachigen Au-Pairs (meist aus
Kenia) ein sehr gutes Allgemeinwissen der Sprache entwickelt und wurde darum auch zweimal
im Jahr zu Workshops nach England eingeladen.
Sie sprach dabei selbst Englisch, ohne eine Über-
setzung zu brauchen, und kam sehr gut bei den
Leuten an.

ERINNERUNG: In England sind die Leute
wirklich anders, erzählte sie mir einmal nach
einem solchen Auftritt. Die Menschen stellten
sich brav in einer Schlange an, um ein Auto-
gramm zu erhalten oder ein paar Worte mit
»Barbel« zu wechseln. Und das taten nach einem Vortrag die allermeisten. Ihnen war es

egal, wie lange sie anstehen mussten. Hauptsache, sie hatten ihren eigenen privaten Moment mit der Autorin ganz für sich allein.

Besonders London hatte es ihr angetan, und nachdem sie einige Jahre mehrmals in England zu Besuch war, hatte sie schon ein wenig Heimatgefühl für diese Stadt entwickelt. Ähnlich ging es uns auch mit Wien oder Zürich, wo wir einmal im Jahr auf »Tournee« waren.

Auf dem »You can do it«-Festival 2008 des Verlags Hay House lernte sie auch Louise Hay persönlich kennen. Bärbel beschreibt dieses Treffen so:

»Louise kam an meinen Tisch und bewunderte meine Schuhe. Sie meinte, bequeme Schuhe seien doch viel angenehmer als unbequeme hochhackige Marterwerkzeuge. Sie bevorzuge die einfachen Schuhe auch. Louise war bereits 80 Jahre und sah blendend aus. Sie machte auch kein Hehl aus den zahlreichen Schönheitsoperationen, die sie erhalten hatte. Sie stand einfach dazu. Es ergab sich ein freundlicher Small Talk, bei dem sich Louise als lockere und unprätentiöse Gesprächspartnerin herausstellte.«

Bei diesem Festival konnte sie viele der bekannten Autoren des englischsprachigen Raums kennenlernen und engagierte daraufhin einige von ihnen für ihren Film »Bärbel Mohrs Cosmic Ordering«, der 2009 in Deutschland und England auf den Markt kam. In ihm wird das Wünschen und die Kraft der Gedanken von vielen bekannten Autoren und Seminarleitern beleuchtet, darunter Louise Hay selbst, Gregg Braden, James Redfield, Autor der Celestine-Reihe, und Bruce Lipton, der durch sein Buch »Intelligente Zellen« bekannt wurde.

Bärbel traf etwa ein Jahr nach der »Cosmic Ordering«-Welle in England auch Noel Edmonds. Sie schreibt dazu (in ihrem Newsletter 2007):

»Noel ist wirklich gut drauf und ein sehr positiver Mensch. Ich dachte, mittlerweile würde er vielleicht die Nase voll haben von dem ganzen ›Cosmic Ordering‹, aber dem war nicht so. Man kann mit ihm über Spiritualität in aller Länge und Breite diskutieren, und er hat viele spannende eigene Erfahrungen gemacht. Wir haben beschlossen, in Kontakt zu bleiben und darüber nachzudenken, ob wir noch mehr dazu beitragen können, Menschen zu helfen, zuversichtlicher zu werden und mehr aus ihrem Leben zu machen.«

Im Februar 2011 brachten dann auch viele große englische Zeitungen Beiträge zu Bärbels Hinscheiden. Die Zeitschrift »Spirit & Destiny« überschrieb ihren Nachruf mit »Machs gut, Barbel«. Sie hat ganz offensichtlich auch viele treue Leser in diesem Land für sich gewinnen dürfen.

Die Kunst der Leichtigkeit

Die »Bestellungen beim Universum« machten auch vor den Grenzen des deutschsprachigen Raums nicht halt. 2006 kam es durch ein Interview des Fernsehmoderators Noel Edmonds zu einer »Cosmic Ordering«-Welle in England, die nach wie vor anhält. Bärbel hielt Vorträge in Frankreich, Ungarn, Spanien und vor allem England. Ihre Bücher wurden bisher in 21 Sprachen übersetzt. Fast jeden Monat kommt ein weiteres Buch als Rezensionsexemplar bei uns zu Hause an, das gerade neu in einem anderen Land erschienen ist.

12
Die Rolle der Gefühle beim Bestellen

Schreibe auf, wie dein Leben sein müsste, um rundherum glücklich zu sein. Und dann achte mehrmals am Tag darauf, ob das, was du gerade sagst, denkst oder fühlst, förderlich für dein Idealleben ist. Merke: Deine Worte, Gedanken und Gefühle formen deine Realität!

Bärbel

2007 war überhaupt ein sehr kreatives Jahr. Neben dem Wunschkalender und dem Roman »Das Universum, das Wünschen und die Liebe« erschien unser erstes gemeinsames Buch »Fühle mit dem Herzen und du wirst deinem Leben begegnen«.

Das »Bestellen« war nun schon in die Jahre gekommen, und es wurde darum Zeit, es dem neuen Jahrtausend anzupassen. Der große Umschwung, den viele Menschen an der Jahreszahl 2012 und dem Ende des Maya-Kalenders festmachten, geht aus unserer Sicht langsam und unspektakulär vonstatten. Wir befinden uns schon mitten im neuen Gefühlszeitalter, ohne es wirklich zu bemerken. 2007 gab Bärbel dazu der Zeitschrift »Visionen« ein Interview, in dem sie bemerkte:

»Sogar der Wetterbericht gibt seit einiger Zeit eine ›gefühlte‹ Temperatur an, zusätzlich zur meteorologisch messbaren Temperatur. Früher war mal in Motorradzeitschriften riesengroß das Motorrad abgebildet, mit allen technischen Daten. Heute ist riesengroß ein Foto von einer kurvigen Landstraße auf dem Land dargestellt, und in Briefmarkengröße das Motorrad. Früher hat die Technik interessiert, heute kommt es auf das Fahrgefühl an. Früher stand ›Viele Grüße‹

unter privaten Briefen, heute heißt es oftmals ›Liebe Grüße‹.

Selbst im Management geschehen Dinge, die früher undenkbar waren. In manch einer Firma findet man den Preis für ein neues Produkt, indem man alle Manager versammelt und fragt: ›Was ist Ihrem Gefühl nach der ideale Preis für unser neues Produkt?‹ Alle schreiben einen Preis verdeckt auf und vergleichen dann. Und an dem Preis, der so gefunden wird – per Gefühl, was auf dem Markt am besten akzeptiert wird –, werden dann rückwärts die Produktionskosten kalkuliert und was wie zu diesem Preis machbar ist.«

Wie schon beim Fühlbestellen der Indianer ist das Gefühl ausschlaggebend für den Erfolg einer Bestellung. Ein Indianer bestellt sich nach einer langen Trockenheit Regen, indem er ganz in das Gefühl geht, der Regen sei schon da. Er stellt sich vor, wie die Tropfen herunterfallen, wie sein Haar und seine Kleidung immer nasser werden, wie die Tropfen auf der staubigen Steppe aufschlagen und wie es riecht, wenn es lange nicht geregnet hat. Je besser er in der Lage ist, sich in das Gefühl von Regen hineinzuversetzen, umso mehr Erfolg hat auch sein Regenzauber.

»Fühle mit dem Herzen« handelt deshalb vor allem davon, dem Gefühl beim Bestellen mehr Aufmerksamkeit zu zollen. Denn das Bestellen ist wie das Autofahren: Man braucht ein klares Ziel, das der Verstand vorgeben kann. Aber die Kraft, um dieses Ziel auch zu erreichen, kommt aus dem Gefühl, das ich im Augenblick der Bestellung habe. Die stärksten Gefühle zur Wunscherfüllung sind Dankbarkeit, Annahme und Vergebung. Diese Gefühle geben einer Bestellung am meisten Kraft.

Witzigerweise entstand bei der Arbeit an diesem Buch ein weiteres: »Sex wie auf Wolke 7«. Wie es dazu kam, überlasse ich gern Bärbel (aus demselben Interview mit »Visionen«, 2007):

»Eigentlich war ich beim alten Thema und der Variante, welche Rolle unsere Gefühle beim Bestellen spielen. Dieses Buch (das im Juni 2007 erscheint) habe ich zusammen mit meinem Mann geschrieben. Es lag nahe, dass ein Buch über Gefühle auch ein Kapitel über Sex enthalten sollte. Und wie wir so zu experimentieren anfingen und mein Mann unsere Erfahrungen in seiner Männergruppe zu diskutieren begann, löste er bereits einen kleinen Boom damit aus, und es prasselten nur so die Erfahrungsberichte und lange Gesprächsrunden mit vielen Menschen über uns herein. Am Schluss war das Kapitel ›Sex‹ so lang, dass mein Verleger, der auch in Manfreds Männergruppe

mitmacht, vorschlug, ein eigenes Buch daraus zu machen. Und genau das haben wir dann auch getan.

Wenn wir uns beim Sex unter Leistungsdruck stellen oder schnell, schnell drüber hinweghuschen, ohne Zeit für echtes Wahrnehmen von Details, dann stumpft ein Teil unseres inneren Erlebens dabei ab. Aber wenn wir die Feinwahrnehmung, die Liebe und die Spiritualität wieder in den Sex mit einfließen lassen, dann öffnet sich jede einzelne Zelle im Körper, und Energien, die man vorher nie wahrgenommen hat, rauschen auf einmal wie ein Sturzbach durch den ganzen Körper und geben uns Kraft, Freude und Energie bei gleichzeitiger Erhöhung und Sensibilisierung der Feinwahrnehmung. Das muss man erlebt haben, dann braucht man nicht mehr zu fragen.

Bei mir kommt es vor, dass ich 48 Stunden lang völlig ohne Schlaf so fit bin wie sonst nie. Und die Mundwinkel wollen und wollen sich nicht mehr nach unten biegen. Ein leichtes Grinsen begleitet den ganzen Tag (bzw. beide Tage in dem Fall), wenn die Energie wirklich in Fluss gekommen ist. Wer kann beim Normalsex schon von sich sagen, dass er keinen Schlaf mehr braucht und 48 Stunden lang nur noch glücklich ist?! Ich kannte das vorher nicht, so viel gebe ich gerne ehrlich zu.«

Hört sich das nicht ungeheuer spannend an? Das fand auch Birgit Schrowange und baute »Sex wie auf Wolke 7« als längeren Fernsehbericht in das RTL-Magazin »Explosiv« ein.

Bärbel kam bei dem gezeigten Interview so gut rüber, dass RTL II überlegte, ihr eine eigene Serie zum Thema Partnerschaft anzubieten. Bärbel kräuselten sich aber die Nackenhaare bei der Vorstellung, eine neue »Erika Berger« zu werden. Und so wurde (zum Glück) leider nichts daraus.

Die Kunst der Leichtigkeit

Das Gefühl ist mit entscheidend für den Erfolg einer Bestellung. Mit mehr Herz und Gefühl kann sich auch eine neue Ebene in der Sexualität entwickeln. Heute noch kommen manchmal Frauen nach Vorträgen zu mir und bedanken sich ausdrücklich für das Buch »Sex wie auf Wolke 7«. Es habe ihrer Partnerschaft nach Jahrzehnten des Stillstands wieder neue Impulse und eine neue Richtung gegeben. Das ist doch mal eine schöne Rückmeldung. Möge es weiterhin so bleiben. Für solches Feedback schreibt man Bücher!

13
Hoppen

Was du säst, wirst du ernten. Da aber zwischen Saat und Ernte eine gewisse Zeit vergeht, erkennst du oft den Zusammenhang nicht. Trotzdem bist du immer Urheber dessen, was geschieht.

Bärbel

Das Jahr 2007 war auch noch aus einem anderen Grund für uns sehr wichtig. Die Rolle der Gefühle beim Bestellen kristallisierte sich immer klarer heraus.

In dieser Richtung forschten wir darum intensiv weiter und wurden fündig. Schon im Buch »Fühle mit dem Herzen« gibt es am Ende ein Kapitel, das »Frieden für die Welt« überschrieben ist und vom hawaiianischen Ho'oponopono handelt. Diese Technik begeisterte uns dann so sehr, dass wir eine eigene, »europäisierte« Variante daraus entwickelten: das »Hoppen«.

Bärbel faszinierte diese Technik völlig. Denn mit dem Hoppen sind wir in der Lage, viele auch festgefahrene Probleme in unserem Leben auf sehr einfache Weise aufzulösen: indem ich das Problem mit neuen Augen sehe, aufhöre, es zu verteufeln, und ihm sogar Liebe und Annahme schenke.

Deswegen nannten wir das Buch zum Hoppen folgerichtig »Cosmic Orderung – die neue Dimension der Realitätsgestaltung nach dem alten hawaiianischen Ho'oponopono«.

Das Bestellen bekam damit eine neue Dimension. In einem Newsletter aus dem Jahr 2008 schreibt Bärbel:

»Das neue Buch ist vor allem für all diejenigen genial, die bisher vorwiegend wissen, was sie nicht wollen, jedoch Mühe haben, zu formulieren, was genau sie möchten. Mit der Methode des ›Hoppens‹ lassen sich als Erstes Probleme aller Art ›aufräumen‹, bevor sich dann die Klarheit, was man erreichen und bestellen möchte, von ganz alleine und natürlich aus dem neuen inneren Frieden heraus entfaltet.

In unserem Umfeld hat allein während der letzten Wochen eine Jugendliche mit Drogen aufgehört, ein langjähriger Streit mit der Mutter wurde beigelegt, eine starke Angst wurde ins völlige Nichts aufgelöst und vieles mehr. Dabei geht es gar nicht mal darum, DIE ANDEREN zu ändern, sondern innerlich in Frieden zu kommen mit dem, was ist. Und es geht darum, sich zu fragen, wie wir selbst und warum wir Situationen in unserem Leben erschaffen haben.

Und erstaunlich oft drehen sich danach im Außen die Dinge manchmal sogar ins positive Gegenteil (wie bei Drogen, Angstproblemen etc.). Diese Kraft zur Veränderung erwächst vor allem daraus, dass wir in uns Frieden schließen mit dem, was ist, und Ärger in Verständnis und Mitgefühl verwandeln – in erster Linie uns selbst gegenüber.

Diese Technik ist ein Abenteuer. Von außen sieht es aus wie ein lustiges Gesellschaftsspiel, aber wenn man es einmal erlebt hat, erkennt man die starke transformatorische Kraft. Und die Technik kann auf jedes Problem angewendet werden, egal was es ist. Ich kann im Minimum immer zu mehr innerem Frieden und Verständnis finden, und im Maximum ändert sich alles in Turbogeschwindigkeit.

Alle Wissenswerte zum Hoppen und viele Infos gibt es auch auf www.cosmic-ordering.de.«

Was tut man beim Hoppen? Es gibt hierbei eine »Bärbel-Technik«, bei der ich mich innerlich frage: »Wie habe ich diese Situation erschaffen?« Oder: »Warum ist dieses Problem in meinem Leben?« Oder, was ich persönlich am nettesten finde: »Wenn ich das Problem wäre, warum gibt es mich überhaupt?«

Um eine Antwort zu finden, gehe ich in die Stille, in einen meditativen Zustand, und warte auf eine Antwort, die aus meinem Innen kommt.

Und es gibt dazu begleitend eine »Manfred-Technik«, bei der ich das, was ich als Antwort der Bärbel-Technik gefunden habe, in mein Herz nehme und ihm Liebe gebe, etwa so: »Ich liebe den Teil in mir, der dieses Problem in mein Leben gezogen hat.«

Das funktioniert auch mit unausgelieferten Bestellungen: »Ich liebe den Teil in mir, der verhindert, dass meine Bestellung geliefert wird.« Beim Hoppen übernehme ich 100 Prozent Verantwortung für meine momentane Situation.

Aber genug der Theorie, wie geht das denn nun ganz praktisch? In einem Newsletter aus dem Jahr 2008 gibt Bärbel gleich drei Beispiele von begeisterten Lesern, also Jung-Hoppern und Hoppen-Praktikanten:

»›Als ich vom Schwarzwald zurückfuhr, dachte ich mir, ich könnte ja mal die neue Technik bei meinem Auto probieren. Mein Schiebedach war kaputt. Die Werkstatt meinte, die Elektrik sei hin und müsste erneuert werden. Nun dachte ich mir zum Spaß, ich wende die Formel mal an. Ich versetze mich ins Glasdach. Was könnte es dazu bewegt haben, keinen Mucks mehr zu machen und bockig zu sein? Antwort: Zu wenig Zuwendung während der letzten Jahre (stimmt, ich hab es kaum verwendet!), klarer Mangel an Liebe.

Ich sagte also zum Glasdach: »Es tut mir leid«, und: »Ich liebe dich.« Das Ganze dauerte zwanzig Sekunden. Und dann probierte ich das Dach gleich während des Fahrens aus. Und es ging einwandfrei, mit allen Finessen und Möglichkeiten. Ich was so schockiert, dass ich fast die Böschung hinunterfuhr!‹

Ich (Bärbel) fand diese Story so witzig, dass ich sie viel herumerzählt habe und folgende weitere Geschichten als Feedback bekam: ›Wir wollten irgendwann unser Auto verkaufen und ein neues kaufen. An dem Tag, an dem ich es morgens zum Händler

*bringen wollte, sprang es nicht mehr an. Ich war
völlig entsetzt – wieso muss das ausgerechnet jetzt
passieren. Als ich wieder ins Haus ging und unserer
fünf Jahre alten Tochter davon erzählte, meinte sie
gleich: »Das Auto ist traurig, weil wir es verkaufen
wollen. Wir müssen es trösten ...« Na gut, wenn das
Kind es möchte. Wir sind also zum Auto gegangen
und haben es gestreichelt und uns bedankt, dass es
so gut für uns gefahren ist. Und wir haben dem
Auto versprochen, dem Händler zu sagen, dass das
Auto nur an jemand Nettes verkauft werden darf.
Als ich allerdings dem Autohändler sagte, er dürfe
das Auto nur an jemand Nettes verkaufen, hat er
schon seeehr merkwürdig geguckt.‹*

*Als mich dann kürzlich ein Freund von mir (Bär-
bel) anrief, las ich ihm die Episode mit dem Glasdach vor.*

*›Also, du wirst lachen‹, sagte er daraufhin, ›da
muss ich dir jetzt auch eine Geschichte erzählen. Du
kennst doch noch die Uschi. Die hat einen fast neu-
en Herd, aber auf einmal ging er nicht mehr. Letzte
Woche erzählte sie mir, dass sie jetzt schließlich den
Elektriker kommen lassen musste. Aber der hat alles
durchgeprüft und auch nichts gefunden. Bei einem
so neuen Gerät, da kann auch normal nichts sein,
meinte er. Er hätte da aber eine neue Methode. Sie
solle sich jetzt nicht wundern, aber die Methode
würde überraschend gut funktionieren. Daraufhin
legte er dem Herd die Hand auf und konzentrierte*

sich kurz. Offenbar schickte er dem Herd Energie oder Liebe oder sonst was. Und im nächsten Moment ging der Herd wieder.

Der Elektriker hat dann nur die Anfahrt berechnet. Das passiere ihm in letzter Zeit öfter, hat er noch zum Abschied gemeint. Was sagst du jetzt dazu?‹«

Wir haben nach Erscheinen des Hoppen-Buches im Sommer 2008 ganz viel positives Feedback dieser Art erhalten. Das Schöne dabei ist vor allem der neue Blickwinkel, mit dem man eine scheinbar ausweglose Situation neu anschauen und bewerten kann. In zwischenmenschlichen Beziehungen kann es mitunter sehr befreiend sein, die eigenen Scheuklappen auch einmal abzulegen.

In der Folge haben wir dann bei jedem Vortrag und jedem Seminar immer eine Runde gehoppt. Die Anzahl der Teilnehmer spielt bei einem Hopping keine Rolle. Die größte Gruppe waren etwa 450 Zuhörer in Bietigheim, und in den wenigen Minuten des Hoppens konnte man die Stecknadel fallen hören. Auch große Gruppen bekommen dabei ein Gefühl von Einssein, und die scheinbare Trennung zwischen den einzelnen Individuen beginnt sich aufzulösen. Wer es einmal miterlebt hat, wird das schwerlich vergessen.

Als Beispiel für eine Gruppensession im Hoppen und die erzielten Antworten sei ein Problem aus dem schulischen Bereich erwähnt, das Bärbel aufgezeichnet hat (bisher unveröffentlicht):

»Dieses Hopping führte zur Frage einer Mutter, deren Tochter nicht gut mit den Schauergeschichten der Jungs zurechtkam, die in deren Schulklasse die Runde machten: ›Wenn ich ein kleiner Junge wäre, warum würde ich anderen Kindern gerne Schreckensgeschichten erzählen?‹

Die Antworten waren wieder sehr interessant: ›Wenn ich der Junge wäre, dann fühle ich mich dabei stark. Mir machen die Geschichten nichts aus, so etwas erschreckt nur Schwächlinge.‹

Wenn ich ›Tut mir leid‹, ›Ich liebe mich‹ zu diesem Gefühl sage, entsteht der Wunsch, andere ebenfalls zu stärken, anstatt ihnen Angst zu machen. Dann möchte ich Dinge sagen wie: ›Vertraue deiner Kraft, dir passiert nichts, ich glaube an deine Kraft.‹ Es ist ein spannendes Erlebnis, denn je mehr ich mich selbst liebe, desto größer wird der Wunsch, andere zu stärken. Und je weniger ich mich selbst liebe, desto mehr will ich andere auch kleinmachen. Das war mir nie so bewusst, wie direkt da der Zusammenhang ist:

Je weniger ich mich selbst liebe, desto mehr will ich andere auch kleinmachen.

Je mehr ich mich selbst liebe, desto größer wird mein Wunsch, andere zu stärken.

Wenn ich mir vorstelle, ich bin ein Kind, das sich durch solche Schreckensgeschichten von anderen Kindern Angst machen lässt, dann kommen andere innere Bilder: Ich erlebe es als reale Bedrohung. Ich habe Angst vor dem Gedanken, weil mein Gefühl sagt, dass Gedanken Macht und Kraft haben und sich manifestieren könnten.

Wenn ich ›Tut mir leid, ich liebe mich‹ zu mir selbst sage, dann fällt mir der Satz ›Gott segne diesen blöden Gedanken‹ ein. Und mein nächster Gedanke ist mein Fazit von vorhin:

Wenn ich mich selbst genug liebe, dann gibt alles mir Kraft. Alles um mich herum nährt mich, jede Art von Aufmerksamkeit, wenn ich sie nur segne und mich selbst in stabile Selbstliebe hülle.

↬ *Wenn ich Schreckensgeschichten erzählen würde, dann wäre es für mich ein Unterschied, ob ich es Mädchen oder anderen Jungs erzähle. Wenn ich es Mädchen erzähle, die Angst bekommen, erlebe ich mich selbst als stark. Bei den Kumpels macht es mir selber Angst, da hat es mehr was von*

einem versteckten Hilferuf nach außen. Gleichzeitig merke ich, dass die Mädchen meine Angst
ausdrücken, die ich mir selbst nicht zugestehe.

→ Wenn ich als Junge schlimme Dinge erzählen würde, dann würde ich groß sein wollen und groß wirken wollen. Ich fühle mich mächtig, weil ich damit
Einfluss auf andere habe.

→ Bei mir war es so, dass ich das Gefühl hatte, immer lieb und brav sein zu müssen. Aber dieses
Angepasstsein macht mich unlebendig und ist
langweilig. Die Schauergeschichten wecken einfach eine unbändige Kraft in mir, und ich erlebe
mich selbst mit meinem Tun als wirksam in der
Welt. Das gefällt mir, auch wenn ich durch das
Angstverbreiten negativ wirksam bin.

Es erinnert mich an Kleinkinder und Bauklotztürme.
Das Kleinkind ist noch nicht in der Lage, einen Turm
aufzubauen. Aber es kann ihn umschmeißen. Damit
erlebt es, dass sein Tun eine Wirkung im Außen hat,
und das bereitet dem Kleinkind unbändige Freude.
Später, wenn es größer ist, genießt es die Freude seiner Wirkkraft beim Bauen eines Turms.

Vielleicht sind wir als Gesellschaft einfach noch zu
sehr auf dem Bewusstseinslevel eines Kleinkindes.
Deshalb erleben wir uns nur als wirksam, wenn wir
Angst und Schrecken verbreiten. Wir sind noch nicht
reif genug, um dieselbe Freude und Lebenskraft
konstruktiv zu spüren und zu leben.

Wenn ich ›Tut mir leid, ich liebe mich‹ zu mir selbst in diesem Gefühl sage, dann merke ich, ich kann diese Lebenskraft auch fühlen, indem ich das Leben voller Freude feiere und Schönes erschaffe. Das traue ich mir aber nur zu, wenn ich ganz viel, von außen unabhängige Selbstliebe in mir habe.

Ich merke, ich kann diese Lebenskraft auch fühlen, indem ich das Leben voller Freude feiere und Schönes erschaffe. Das traue ich mir aber nur zu, wenn ich ganz viel, von außen unabhängige Selbstliebe in mir habe.«

Diese Beispiele des Hoppens konnten hoffentlich einen ersten Eindruck der Kraft dieser Technik vermitteln. Hoppen kann uns zeigen, welch große Möglichkeit zur Veränderung in jedem Menschen schlummert. Dabei sage ich mir innerlich: »Ich schenke dem Teil in mir, der mein Problem erschaffen hat, meine Liebe.« Ich gebe mir selbst dabei Annahme, Dankbarkeit und Vergebung. Auf diese Weise heile ich mich selbst.

Und natürlich lässt sich das Hoppen auch als neues Managementinstrument in Firmen verwenden, wie Bärbel in einem weiteren Newsletter 2008 schreibt:

»Nachdem wir dann auch einige Trainings in Firmen gemacht haben, kann ich sagen, dass für das Verständnis der Grundtechnik oft bereits ein Tag ausreichend ist (bei kleinen Gruppen). Und danach sind dann die meisten Mitarbeiter schon in der Lage, selbst weiterzumachen und Probleme mit Mitarbeitern, Kollegen, Chefs, Kunden und Lieferanten auf einer völlig neuen Bewusstseinsebene anzugehen.

Das Geniale ist: Ich muss nicht immer wieder in ein und dieselbe Firma zum Coaching rennen, einmal reicht. Allenfalls kann man mal nach einem halben Jahr einen Erweiterungstag einlegen, muss aber nicht. Die Firma wird nicht abhängig vom Trainer, sondern kann sofort etwas mit den Techniken anfangen und sie umsetzen. Ich fände es toll, wenn diese Art von bewusstem Umgang mit Problemen in allen Firmen Einzug halten würde. DAS könnte wirklich einen ganz großen Kick im Bewusstseinswandel bringen.«

Die Kunst der Leichtigkeit

Hoppen bringt eine ganz neue Qualität ins Bestellen und Wünschen: Ich selbst beginne, die Verantwortung für mein Leben zu übernehmen. Auch die unausgelieferte Bestellung hat mit mir zu tun. Ich selbst habe Teile in mir, die die Erfüllung der Bestellung verhindern. Auch diese Teile, die unbewussten Verhinderer in mir, kann ich lieben und ins Herz nehmen. Durch das Hoppen wachse ich innerlich, da ich an den Resultaten sofort erkenne, wie stark ich auf mein Leben und meine Welt Einfluss nehmen kann. Hoppen hilft mir dabei, altes Denken loszulassen und mein Opferdasein abzustreifen.

14
Innen wie außen

Das Universum betrachtet jeden deiner Gedanken, ja deiner gesamten inneren Einstellung, als »Auftrag«: Je mehr du das Leben liebst, desto mehr Gründe, es zu lieben, sendet es dir täglich. Je mehr du meckerst, desto mehr Gründe zum Meckern liefert dir das Leben.

Bärbel

Hoppen beruht auf dem alten hermetischen Gesetz »Wie innen, so außen«, das schon die Mystiker des Mittelalters kannten.

Dieses Prinzip war Thema eines der letzten Artikel, den Bärbel selbst verfasst hat. Er enthält die Essenz des Hoppens und soll hier ungekürzt wiedergegeben werden (er erschien auf der Internetplattform spirii, Mitte 2010):

»Die äußeren Umstände meines Lebens sind ein Spiegel für meine inneren Zustände. Meine inneren Zustände kreieren die äußeren Umstände. Sie sind wie eine unbewusste Bestellung, denn ich habe die Umstände mit meiner inneren Haltung erzeugt – als hätte ich sie haben wollen! Aber gut, seien wir ehrlich und ganzheitlich: Die äußeren Umstände beeinflussen auch meine inneren Zustände!

Das Innen ist schuld am Außen, und das Außen ist schuld am Innen, und das Innen ist schuld am Außen ... am Innen ... am Außen ... am Innen ...

Was soll ich denn da bloß tun?

Unterbrich den Kreislauf!

Du hast die Wahl, die Möglichkeiten und die Verantwortung für dich selbst! Du kannst kleine Dinge im Außen ändern, indem du Samen der Freude säst, die in deinem Inneren aufgehen werden, wie du im Spiegel der Außenwelt beobachten können wirst.

Wenn du kleine Unterbrechungen des Kreislaufs im AUSSEN starten willst, dann tue etwas ...

- für die zwischenmenschliche Nähe in deinem Leben;
- für die Entspannung in deinem Leben;
- für den Genuss;
- für den Humor und das Lachen (ganz wichtig);
- unternimm bei schönem Wetter einen Spaziergang zum Sonnenaufgang, der Effekt auf deine inneren Zustände kann gigantisch sein;
- für das Erleben der Schönheit der Natur;
- bewege deinen Körper auf eine Weise, die ihm guttut und gefällt;
- für das Glück in deinem Leben;
- lass dich körperlich angenehm berühren (z. B. Massagen), benutze alle Sinne;
- spiele mit kleinen Abwechslungen des Lebens: Dusche blind oder esse taub und erlebe die Welt mit allen Sinnen wie ein Kind;
- usw.

Werde selbst kreativ, ändere kleine Dinge, säe Samen der Freude, egal, wie unbedeutend und klein sie dir zunächst erscheinen mögen. Jeder noch so kleine Samen ist ein kleiner Kreislaufunterbrecher,

und die Veränderung wird sich über den Umweg
über das innere Erleben ›im Spiegel‹ des Außen zeigen.

**Wenn du kleine Unterbrechungen des Kreislaufs
im INNEN starten willst, dann tue etwas ...**

→ *für deine Selbstwahrnehmung: Meditiere und beobachte die vielen Empfindungen in deinem Inneren, während du atmest, denkst und durch deinen Körper hindurchspürst;*
→ *gehe am Abend im Bett vor dem Einschlafen den
Tag rückwärts durch und kreiere einen Film, in
dem du alles, was passiert ist, in Gedanken so ab-
laufen lässt, wie du optimalerweise gerne gehan-
delt hättest. Erinnere dich an die Sachen, die gut
waren, so, wie sie waren, und ändere alles in deiner Erinnerung, was du gerne ein kleines bisschen
anders gemacht hättest. Schlafe mit einem Bild
ein, in dem du das Beste aus dem Tag gemacht
hast. Beobachte, wie du am Tag immer schneller
und öfter rechtzeitig so reagieren kannst, wie du
es dir wünschst;*
→ *halte öfter am Tag inne und fühle nach, ob du
noch so handelst und bist, wie du gerne sein
möchtest,*
→ *halte inne und fühle nach, ob das, was du gerade
tust, dir guttut oder ob du es verbessern kannst;*
→ *halte inne und kommuniziere mit deiner inneren*

*Stimme, nimm sie wahr und gib ihr einen Raum,
in dem sie sich ausbreiten kann;*

↯ *lass dich innerlich berühren, suche das Gefühl,
die Wärme, Gefühle der Freude, der Rührung, des
tiefen Miteinanders.*

Jede noch so kleine Unterbrechung, egal ob im Innen oder im Außen, hat eine Änderung deiner inneren Zustände zur Folge. Das Außen ist der Spiegel. Wenn sich das Innen ändert, wird das Außen es spiegeln. Wenn das Außen sich ändert, wird das Innen sich anders fühlen und sich noch mehr ändern, und die Änderungen werden immer größer werden.

Bis du an dem Punkt bist, an dem du fühlst, weißt und erkennst und nicht mehr nur zu glauben brauchst, dass deine innere Haltung und deine Erwartungshaltung gegenüber deinem Leben Realität kreieren.

Wenn du erwartest, dass eine Tablette wirkt, dann sind die Chancen gut, dass sie wirkt. Wenn du weißt, dass die Tablette ein Placebo ist, dann erwartest du keine Wirkung, und sie wird nicht wirken. Wenn du nicht weißt, dass das Placebo ein Placebo ist, und du denkst, es ist die richtige Tablette, dann sind die Chancen immer noch sehr gut, dass sie wirkt, obwohl kein wirklicher Wirkstoff vorhanden ist.

Der Glaube versetzt Berge.

Deine Erwartungshaltung kreiert Realität. Ist nicht alles andere eine Dummheit, als stets das Beste zu erwarten? Wenn du eine ›Bestellung beim Universum‹ aufgibst, dann benutzt du das Wort ›Bestellung‹, welches dein Unbewusstes kennt als einen Begriff, der im Zusammenhang mit ›selbstverständlicher Auslieferung‹ steht.

Du kreierst im Unbewussten eine Haltung von selbstverständlicher Erwartung: Das, was man bestellt, wird auch geliefert. So kannst du dein Unbewusstes ›überlisten‹, dass es dir erlaubt, Dinge vom Leben zu erwarten, an die du bisher nicht glauben konntest.

Dennoch laufen deine unbewussten Bestellungen weiter. Du kannst Bestellungen beim Universum nutzen, um zu lernen, wieder an deine innere Kraft zu glauben, um deine Erwartungshaltung immer höher werden zu lassen, um wirkliches Glück auf allen Ebenen in deinem Leben wieder für möglich zu halten.

Dennoch laufen deine unbewussten Bestellungen weiter. Die Bestellungen gleichen kleinen Unterbrechungen des Kreislaufs. Sie sind wie Samen. Sie rütteln nicht daran, dass deine inneren Zustände deine äußeren Umstände kreieren. Du säst kleine Samen mit erfolgreichen Bestellungen und Lieferungen. Du änderst die inneren Zustände und Erwartungshaltungen manchmal nur langsam und schrittweise.

Wenn du für immer Glück erleben willst, dann musst du dies auch immer zumindest für möglich halten. *Du hast die Verantwortung, was du in deinem Inneren und in deinem äußeren Erleben säst!*

Wenn du dein Leben komplett und dauerhaft ändern willst, dann musst du deine inneren Zustände in Kombination mit den äußeren Umständen Schritt für Schritt und abwechselnd komplett und dauerhaft ändern.

Du kannst nicht die inneren Zustände lassen, wie sie sind, und trotzdem bessere äußere Umstände haben wollen.

Trotzdem ist es ganz leicht. Säe viele Samen im Außen und im Innen. Sieh zu, wie das Innen und das Außen aufatmen und sich ändern.

Beobachte, wie immer mehr deiner schon verloren geglaubten ›Bestellungen beim Universum‹ doch noch ausgeliefert werden, ...

+ weil du genügend Samen der Freude gesät hast,
+ weil deine Erwartungshaltung sich geändert hat,
+ weil du mehr für möglich gehalten hast,
+ weil du deine Welt plötzlich kindlicher und mit allen Sinnen erleben konntest,
+ weil deine Intuition wiedergekehrt ist, als du dich mehr um dich selbst gekümmert und mehr Samen gesät hast,
+ weil alles einfacher und schöner wurde,
+ weil sich alles, durch lauter harmlos erscheinende Kleinigkeiten, besser anfühlte,

→ *und weil das Lachen des Kindes wieder durchkam,*

→ *weil du nichts mehr brauchtest, alles annehmen konntest, wie es ist,*

→ *weil das Leben dich sowieso immer unterstützen will, aber jetzt – nachdem du offen warst und selbst die Samen gesät hast – konntest du die Geschenke auch annehmen und ...*

→ *... zur richtigen Zeit am richtigen Ort sein.*

Es ist kein Weg des Kampfes, es ist ein Weg dessen, dich wieder wohler zu fühlen mit dir selbst. Wenn du bei dir ganz angekommen bist, dann kommen die Auslieferungen, bevor du noch richtig bestellen konntest.

Je weiter weg du von dir und deiner Wohlfühlzone bist, desto weiter weg bist du von der Erfüllung deiner Wünsche. Es geht um deine wahre Wohlfühlzone, nicht eine eingebildete, in der du glaubst, dich mit täglicher Betäubung, mit Stumpfsinn, Phlegma und null Bock auf gar nichts gerade eben so ›schmerzfrei‹ zu fühlen. Das ist keine Wohlfühlzone, das ist eine Betäubungszone.

Die Wohlfühlzone beinhaltet Freude, Lachen, Humor, Kraft, Spaß am Handeln, am Tun, Glück beim Erleben der Welt, Sehen der Schönheit der Welt, Freude an zwischenmenschlicher Nähe, Aktivsein, Wachsein, Bewusstsein, gerne wahrzunehmen, was ist. DAS ist echtes Wohlfühlen.

Der Weg dorthin, selbst in den allerkleinsten Schritten, ist der Weg zu deinem individuellen Glück. Sobald du dich aktiv aufmachst auf diesen Weg, kommt das Universum dir mit ganz vielen, immer größeren Lieferungen, je weiter du gehst, entgegen.

Was für einen Grund könnte es geben, nicht loszugehen und den Kreislauf zu unterbrechen?

Die äußeren Umstände meines Lebens sind ein Spiegel für meine inneren Zustände.

Zum Glück, denn das gibt mir sooo viele Möglichkeiten.«

Die Kunst der Leichtigkeit

Ich kann durch die Änderungen meiner inneren Welt auch meine äußere Welt verändern. Bestellungen sind nur ein Ausdruck dieses Prinzips, das immerzu und überall wirkt: Es gibt nichts Gutes, außer man tut es.

15

Zweisam statt einsam

Du kannst im Außen immer nur das bekommen,
was du innerlich schon in dir selbst gefunden hast.

Bärbel

Selbstredend ist das wichtigste Übungsfeld für das Hoppen im zwischenmenschlichen Bereich zu finden. Darum haben Bärbel und ich uns auch ganz viel gegenseitig gehoppt. Irgendwann haben wir dann vor lauter Begeisterung über die vielen positiven Ergebnisse angefangen, Freunde in unser Wohnzimmer einzuladen, um einmal im Monat gemeinsam zu hoppen. Und auch hier waren die Sessions so lichtvoll, dass Bärbel viele Beispiele verwenden konnte, um ein eigenes Buch über Beziehungen zu schreiben: »Zweisam statt einsam«.

Auch beim Thema Beziehungen sah Bärbel sich selbst eigentlich als völlig planlos an. Darüber wollte sie eher nicht schreiben. Darum entspann sich im Vorfeld dieses Buches ein Dialog zwischen uns, den Bärbel auch später in der Vorankündigung für das Zweisam-Buch verwendete: Er ist überschrieben mit »*E-Mail-Debatte zwischen Manfred und Bärbel, weil Manfred seit Jahren will, dass Bärbel einen Ratgeber für Beziehungen schreibt*«.

M: Wann schreibst du endlich den Beziehungsratgeber?

B: Nie. Ich habe das Gefühl, gar keine Ahnung davon zu haben, wie man Beziehungen richtig führt. Ich kenne mich viel zu wenig aus mit den typi-

schen Problemen und was alles schiefgehen kann. Was Beziehungen angeht, fühle ich mich nicht kompetent.

M: Am schlimmsten sind immer die Leute, die denken, sie wissen alles und so muss es sein. Genau deswegen, weil du denkst, du hast keine Ahnung, wärst du besonders geeignet. Du erzählst nichts von oben herab. Im Zulassen des Nichtwissens erwächst die Weisheit aus dem Augenblick heraus.

B: Ich habe keine Ahnung, was das konkret heißen soll in unserem Fall. Dann nenne doch mal du ein Beispiel, was ich deiner Meinung nach richtig mache in Beziehungen, was ich anderen Leuten beibringen könnte.

M: Es geht im Grunde immer darum, die Unvollkommenheiten des anderen anzunehmen und sich nicht über sie zu ärgern, sie nicht ändern zu wollen und keine Szenen wegen sowieso unvermeidlicher Eigenschaften des Partners zu machen.

B: Ich ärgere mich doch manchmal auch über dich.

M: Aber total wenig. Das ist bei uns mehr meine Rolle. Ich ärgere mich über alles Mögliche, und du ärgerst dich einfach nicht über dieselben Sachen. Ich frage mich, wie du das machst.

B: Wann zum Beispiel soll das gewesen sein?

M: Da hast du es, für dich ist es so natürlich, dich nicht zu ärgern, du siehst es noch nicht einmal. Genauso wenig wie all die Verkehrsschilder um dich herum beim Autofahren. Die siehst du auch meistens nicht. Du fährst einfach unbekümmert weiter.

B: Das stimmt nicht.

M: Sie fallen genauso aus deiner Wahrnehmung heraus. Nimm das Beispiel von gestern: Da rief Frank an, eine Stunde bevor wir losfahren wollten zu ihm, und zum ungefähr hundertsten Mal erzählt er kurz vorher, dass er doch keine Zeit hat. Man kann sich bei ihm schon drauf verlassen, dass es immer kurz vorher doch nicht klappt. Mich ärgert so was. Und was machst du? Du bleibst bester Laune und fröhlich und gehst dann einfach auf die Sommerrodelbahn mit den Kindern, damit sie mit etwas anderem ihren Spaß haben.

B: Na ja, eben weil das ziemlich oft so bei ihm ist, warum soll ich mich dann ärgern, wenn ich eh schon vorher weiß, dass es vermutlich so kommen wird? Das wäre doch blöd. Da ärgere doch dann im direktesten Sinne des Wortes ICH MICH. Er ärgert ja nicht mich, er hat halt seine eigenen Probleme, sondern ich ärgere mich, wenn ich mich über etwas Vorher-

sehbares ärgere. Das ist einfach die Grundbedingung, wenn man mit ihm befreundet sein will: Man muss mit spontanen Änderungen leben können – im Guten wie im Schlechten. Ich bin einfach nur nett zu mir selbst, indem ich nicht **mich selbst** ärgere, indem ich mich angeblich **über ihn** ärgere.

M: Mir ist nicht klar, wie du das machst. Ich ärgere mich automatisch.

B: Ich mach gar nichts.

M: Sag ich doch. Weil du keine Ahnung hast, machst du es richtig.

B: Ich glaube, du solltest das Buch schreiben. Du hast ein Problem und du bist auf der Suche nach einer Lösung. Du kannst deinen Lösungsweg mit anderen teilen. Wenn ich kein Problem habe, suche ich auch keine Lösung und kann niemandem was darüber erzählen.

M: Nein, du schreibst.

B: Du schreibst.

M: Du.

B: Du ...

Bärbel hat verloren und geschrieben. Das Ergebnis heißt ›Zweisam statt einsam‹ von Bärbel Mohr.«

Bärbel war so tolerant anderen Menschen gegenüber, dass sie es selbst gar nicht mehr merkte. Die Fähigkeit zur Toleranz war ihr von Geburt an mitgegeben, und sie konnte gar nicht begreifen, was daran so besonders war. Ich denke, viele Menschen, die näher mit ihr zu tun hatten, fanden eben diese Fähigkeit zu Kompromissen an Bärbel so berührend und liebenswert.

Vielleicht ist hier auch ein Schlüssel für die Antwort auf die Frage versteckt, warum wir manchmal als Menschen eben gerade in Bereichen Begabungen haben, von denen wir selbst denken, dort völlig unfähig zu sein.

Beim Lernen von Dingen, die wir scheinbar gar nicht können, wird uns erst wirklich bewusst, dass wir sie können. Wie die Fähigkeit zur Toleranz sind vielleicht viele Fähigkeiten in uns Menschen gottgegeben, die uns aber selbst gar nicht wirklich bewusst sind.

Aber es gibt noch einen geheimen Trick von Bärbel, sich selbst zu noch mehr Toleranz anzuspornen. Sie legt ihn unseren Zwillingen in den Mund (aus »Rabenvaterschnullerbefestigungsanlage«):

»Die Zwillinge erzählen weiter über ihre Mutter: Einer Freundin erzählte Mama, wie sie das in ihrer Beziehung macht.

Männer scheinen aus ihrer Sicht grundsätzlich die Eigenschaft zu haben, Erwartungshaltungen nie zu erfüllen. Es gibt Tage, da bräuchte Mama auch dringende Hilfe bei irgendetwas. Aber selbst wenn Papa seinen supersonnigen Tag hat und zehn verschiedene Dinge für sie tut, das, von dem Mama meint, sie bräuchte es ganz dringend, ist ganz sicher nicht dabei.

Keine Ahnung wieso, aber so ist es schon immer in Partnerbeziehungen gewesen, und Mama hat sich daher angewöhnt, so zu tun, als wäre sie Single und hätte grundsätzlich für sich selbst zu sorgen. Alles, was ihr Partner oder jetzt eben Papa dann doch macht, wird damit zur positiven Überraschung, anstatt dass Mama täglich frustrierter wird, weil sie ›schon wieder‹ irgendwas selber machen muss. Man kann offenbar einfach nicht dieselben Ansprüche an Männer stellen wie an Frauen, philosophierte Mama abschließend. Damit macht man sich nur unglücklich.

Wenn man dagegen nichts erwartet, sind Männer die reizendsten Geschöpfe, und Selbstorganisieren macht glücklich. Dann weiß man wenigstens sicher, dass es gemacht wird. Wir sind nicht so sicher, ob wir diese Idee sehr gut finden, es kommt uns eher vor wie eine von den skurrilen

Ideen von Mama, wenn sie um jeden Preis Kon-
flikte und Ärger vermeiden will. Manchmal ha-
ben wir allerdings den Eindruck, dass sie sich am
Ende dann doch mehr Ärger dafür einhandelt,
wenn sie den Konflikten immer aus dem Weg ge-
hen will. Und nun auch noch mit der seltsamen
Vision, sie sei eigentlich Single. Oh je.«

Ja, ja, die Mama hat auch ihre Eigenarten, wie sie
die Zwillinge weiter berichten lässt (aus »Rabenvaterschnullerbefestigungsanlage«):

»Die Gesundheitsbegeisterung unserer Ma-
ma schlägt sich auch in der Befüllung un-
serer Küchenschränke nieder. Immer wenn
Mama von irgendeinem neuen, tollen, ge-
sunden und ökologischen Produkt erfährt, muss
sie gleich hin und es ausprobieren.
Als wir gerade ganz klein in Mamas Bauch
waren, hat sie sich beispielsweise ein paar Tage
eine ayurvedische Kur gegönnt. Das hat uns auch
prima gefallen, da waren wir ganz ruhig, denn
auch unserer Mama ging es supergut dabei. Aber
Mama hat dann gleich die halbe Kurklinik leer
gekauft mit ayurvedischen Tees, Tabletten und
Pasten, die den Kureffekt auch mit nach Hause
tragen sollten. Ein Schränkchen in der Küche ist
seitdem bis obenhin voll davon. Und immer wenn
Mama ein paar Löffel von der ayurvedischen

Kräuterpaste zum Essen nimmt, schmeckt die Muttermilch ein bisschen nach Indien. Das finden wir klasse. Nur Papa ärgert sich, wenn er in all den Schränken seinen Pfefferstreuer nicht mehr findet.

Ein anderes Mal hat Mama von einem Freund die Kassetten über die Wirkung von Salz auf den Körper geliehen bekommen. Da musste sie sich stehenden Fußes mit größeren Mengen von diesem sogenannten Steinsalz versorgen, weil das ja so gut für den Körper ist. Leider kam kurze Zeit später ein anderer Bekannter von Mama vorbei, der von einem noch tolleren und noch gesünderen Salz aus dem Himalaja schwärmte. Natürlich hat Mama auch das besorgt, und das Steinsalz fiel unbeachtet auf den undankbaren zweiten Platz zurück. Benutzt wird bei uns nur noch das Himalajasalz, und Papa meinte neulich, dass er das Salzvorkommen im Küchenschränkchen Nr. 2 demnächst mit der Hacke bergmännisch abbauen werde.«

Viele der Tipps und Tricks unseres Beziehungslebens hat Bärbel dann auch in das Buch »Zweisam statt Einsam« eingebaut. Der wichtigste Trick ist, »an geraden Tagen hat Bärbel recht und ich bin alles schuld. An ungeraden Tagen ist es umgekehrt«. Bei diesem Prinzip geht es darum, willst du recht haben oder willst du Freunde haben? Wer immer recht haben möchte, steht am

Ende schließlich ziemlich allein da. Viele unserer täglichen Rangeleien lösten sich in Schall und Rauch auf, wenn einer von uns mitten in der schönsten Debatte fragte: »Ähm, Moment mal, welcher Tag ist heute, gerade oder ungerade?« Meistens konnten wir dann nicht mehr ordentlich weiterpalavern vor lauter Lachen.

Bärbel und ich waren sicher sehr verschieden. Sie hat viele männliche Seiten gehabt und ich eher viele weibliche. Übrigens war ich sehr überrascht davon, wie viele Männer mich heimlich beiseitenahmen, um zu fragen, wie ich es persönlich so gut mit einer erfolgreichen Frau aushalte. Für sie wäre das völlig undenkbar. Anscheinend ist es doch sehr in unserem Gruppenbewusstsein verankert, den Mann noch immer als Jäger und Fallensteller zu sehen, der draußen auf die Jagd geht und für den Unterhalt sorgt. Währenddessen hält die Frau daheim die Höhle sauber und kümmert sich um die Aufzucht der Jungen. Offensichtlich müssen wir da noch viel als Gesellschaft dazulernen, bis auch Frauen als Versorger wirklich akzeptiert sein werden.

Den Kernsatz von »Zweisam statt einsam« habe ich bereits als Zitat dieses Kapitels an den Anfang gesetzt. Denn er ist so wichtig, bedarf aber weiterer Erklärung: »Du kannst nur bekommen, was du schon hast.« Das bedeutet genauer gesagt: »Du kannst nur bekommen (im Außen), was du schon (innen drin gefunden) hast.« Was immer ich im Außen gern bekommen möchte, Liebe, Annahme, Anerkennung oder Dankbarkeit, ich werde es erst wirklich vom Außen erhalten, wenn ich es innerlich in mir bereits gefunden und verstärkt habe. Wenn ich selbst in der Lage bin, zu lieben, anzunehmen, anzuerkennen und zu danken, und zwar anderen Menschen genauso wie mir selbst, dann öffnen sich die Türen zu meinem persönlichen Glück von ganz allein.

Selbstliebe und die Liebe zu anderen (was im Grunde ein und dasselbe ist) wurden für Bärbel die wichtigsten Bausteine für inneres und äußeres Glück. Mit mehr Selbstliebe klappen auch die Bestellungen am besten. Weil das Thema Bärbel so begeisterte, drehte sie kurze Zeit später auch eine DVD (»Zweisam statt einsam«), die im RiWei Verlag erschien.

Es scheint mir so, als würde insgesamt allen Menschen immer bewusster, wie wichtig Liebe zu anderen und Selbstliebe ist. Nicht nur beim Hoppen spielen Herzöffnung und Liebe eine wichtige Rolle. Kürzlich berichteten mir Bekannte, die gerade eine Ausbildung bei Bernd Hellinger absolvieren, dass auch Hellinger bei seinem Familienstellen immer mehr auf die Kraft der Liebe setzt. Während er früher meist versuchte, bei der

Aufstellung einer Person bestimmte Ergebnisse zu erzielen, lässt er heutzutage ganz oft bestimmte Situationen einfach so stehen und lässt sie aus sich heraus wirken.

Er lässt während einer Aufstellung die Teilnehmer häufig nur noch »Ich liebe dich« sagen.

Kann der Stellvertreter das nicht über die Lippen bringen oder kommt der Satz nicht wirklich von Herzen, dann bricht er immer häufiger die Aufstellung ab. Er hat die Erfahrung gemacht, dass der betreffende Mensch sich gerade in diesem Moment voll und ganz seines Themas mit dem anderen Familienmitglied bewusst wird. Allein dieser Moment kann dann im Menschen weiterarbeiten und wird so eine Lösung bringen. Irgendwann wird im aufgestellten Menschen die Lösung aus ihm selbst heraus entstehen, was viel, viel wertvoller ist, als wenn von außen eine Lösung herbeigeführt wird, die nicht unbedingt die zutreffendste oder langfristigste sein muss.

Die Kunst der Leichtigkeit

Das ist für mich auch das Charmante am Hoppen: Ich muss die Lösung für mein Problem nicht kennen, ich überlasse es meinem Herzen oder meiner Liebe, für die beste Lösung zu sorgen. Die Liebe wird schon wissen, was das Beste ist, für mich und alle Beteiligten. Ich gebe zu, Fehler und Macken zu haben, und das allein befreit schon ungemein. Man kann nämlich nicht gleichzeitig perfekt und glücklich sein. Denn allein der Stress, den es mir bereitet, perfekt zu sein, der allein macht mich schon unglücklich.

16
Das Beste im anderen sehen

Beim Universum zu bestellen bedeutet, anzuerkennen, dass wir mit unseren Gedanken ständig Realität erzeugen. Viele unserer unbewussten Gedanken sind wie wucherndes Unkraut. Klar formulierte, konstruktive Gedanken können Orchideen hervorbringen.

Bärbel

Seit Jahren haben meine Kinder und ich das Ritual, morgens vor der Schule und abends vor dem Einschlafen gemeinsam Geschichten zu lesen. Sie sind momentan neun Jahre alt und lesen eigentlich selbst schon sehr flüssig. Das morgend- und abendliche Ritual lassen sie sich aber nicht nehmen.

Zurzeit lese ich »Die Kinder von Bullerbü« von Astrid Lindgren. Heute ging es um einen bösen Schuster, der zwar Nett heißt, es aber nicht ist. Er lässt seinen Hund Skipp hungern und nimmt ihn niemals von der Leine. Darum ist der Hund wütend auf alle Fremden und bellt jeden wie wild an. Einer der Jungen von Bullerbü, Lasse, muss öfter zum Schuster und fängt an, diesem Hund Knochen mitzubringen. Außerdem redet er ihm gut zu, sagt »Guter Hund« zu ihm und ist überhaupt so freundlich wie nur möglich. Bald hört Skipp auf zu bellen, wenn Lasse kommt, und wedelt stattdessen mit dem Schwanz. Nach einer Weile lässt er sich auch von ihm streicheln, und irgendwann kauft Lasses Vater den Hund für ihn, weil sich beide so gut vertragen.

Wie hat Lasse dieses Kunststück nur fertiggebracht? Er hat in Skipp »das Beste gesehen«. Statt sich von dem Gekläffe einschüchtern zu lassen, hat er dem Hund sein Herz geöffnet. Und schließlich öffnete auch der Hund sein Herz für Lasse. Er konnte im wütenden Bellen des Hundes den

»Schrei nach Liebe« erkennen, so, wie Khalil Gibran findet: »Was ist das Böse anderes als das Gute, von seinem eigenen Hunger und Durst gequält?«

Auch Bärbel hatte die Fähigkeit, in sehr vielen Menschen und Geschehnissen »das Beste zu sehen«. Sicher hat auch dies sehr zu ihrer Leichtigkeit und ihrem Charisma beigetragen.

Statt sich über Menschen oder Situationen zu ärgern, hatte sie die unschätzbare Gabe, hinter die Dinge zu schauen. Und wie Lasse beim Hund Skipp schaffte sie es so auf wundersame Weise, in scheinbar festgefahrenen Situationen zu guten Lösungen zu gelangen. Sicherlich hat dabei das Hoppen eine Rolle gespielt, es war so etwas wie die Grundvoraussetzung, die Dinge mit Liebe und Annahme anschauen zu können.

Ein Beispiel: Unser Sohni war in seinen ersten Lebensmonaten nicht so ganz glücklich auf dieser Welt. Wahrscheinlich erinnerte er sich noch zu sehr an den Himmel, wo alles schöner und angenehmer für ihn war. Darum schrie er oft aus Leibeskräften, obwohl gar kein Grund vorlag. Bärbel ließ sich von dem Brüllen wenig beeindrucken und sagte ihm immer wieder sehr herzlich: »Du bist so ein nettes Kind, so freundlich, so herzig, ich hab dich ja so lieb.« Und glaubt es oder nicht, nach wenigen Wochen hörte das Geschrei auf. Für mich war das ein kleines Wunder.

Und ich bin mir sicher, dass unsere Kinder heute so ausgeglichen und angenehm im Umgang sind, weil sie eben diese Annahme und Wertschätzung schon von Kindesbeinen an von ihrer Mama erhalten haben. (Na ja, ein bisschen hab ich da vielleicht auch beigetragen.)

Es ist wirklich so, wie ein Sprichwort in Schweden sagt: »Willst du einen König als Mann, beginne, den König in ihm zu sehen.« Das funktioniert auch bei Kindern.

Noch ein Beispiel: In unserem Freundeskreis hatte sich Bärbels Fähigkeit herumgesprochen, durch die Kraft der Worte (mündlich und schriftlich) auch verfahrene Situationen zu bereinigen und zu lösen. Es gab daher immer wieder Situationen, in denen Bärbel in dieser Hinsicht um Rat und Tat gebeten wurde. In unserem internen Jargon hieß diese Begabung »der chinesische Brief«.

In China ist es seit alters her eine Kunst, ein bestimmtes Anliegen in Briefform kunstvoll vorzutragen. Oft ist dabei der Bittsteller in einer recht undankbaren Lage, und es ist kaum zu erwarten, dass der Adressat der Bitte dem Anliegen zustimmen wird. Der »chinesische Brief« ist darum so voller Lobhudelei und Freundlichkeit dem Adressaten gegenüber, dass dieser letztlich gar nicht anders kann, als der Bitte zuzustimmen. Und das geht so:

Zuerst einmal wird der Angesprochene selbst über den grünen Klee gelobt. Danach wird ausführlich Dank ausgesprochen für all das, was er bisher Gutes getan hat und noch tun wird. Dann wird ihm und seiner ganzen Familie Glück gewünscht für alle Pläne und Projekte der nächsten Jahre. Und ganz zum Schluss kommt dann doch noch das Anliegen des Bittstellers zur Sprache mit dem Wunsch, wohlwollend über diese Sache zu entscheiden. Mal ehrlich, könntest du da noch Nein sagen?

Auch wenn die Chinesen einer anderen Kultur entspringen und es sich für uns Westler sehr überspitzt anhören mag, so ist doch der Kern der Botschaft klar. Statt zu fordern, zu kämpfen und anzuklagen, wird dem Angesprochenen Lob zuteil. Das Gute wird betont und hervorgehoben. Und ganz oft ist das demütige Herangehen an eine Problemstellung mehr von Erfolg gekrönt als der Anspruch, dauernd recht haben zu wollen. Sicherlich ist auch diese Fähigkeit ein Puzzlestein, der zu Bärbels Erfolg beitrug.

Oder wie Albert Schweitzer sagt: »Das einzig Wichtige im Leben sind die Spuren von Liebe, die wir hinterlassen, wenn wir ungefragt weggehen und Abschied nehmen müssen.«

Das Gute im anderen zu sehen erinnert mich auch an einen Brauch der afrikanischen Bamedas (Klaus-Jürgen Becker erzählt darüber in seinem

Buch »Ho'oponopono«). Dieser Stamm geht auf seine ganz besondere Art mit Stammesangehörigen um, die gegen die Regeln verstoßen haben. Der Delinquent wird in die Mitte des Dorfes gebracht, und alle Arbeit wird unterbrochen. Dann versammeln sich die Mitglieder des Stammes um den Missetäter und beginnen, über das Gute zu sprechen, das die Person in der Mitte während ihres Lebens getan hat. Alles Positive wird bis ins Detail hinein berichtet, darum dauert diese Zusammenkunft oft mehrere Tage. Alle Stammesmitglieder kommen hierbei zu Wort, auch die Frauen und Kinder. Zum Schluss wird ein großes Fest veranstaltet, um den Missetäter wieder voll und ganz in den Stamm aufzunehmen.

Die Kunst der Leichtigkeit

Oft kann sich die Schönheit eines Menschen oder einer Situation erst entfalten, wenn sie mit den Augen der Liebe betrachtet wird. Bis dahin schlummert das Gute so vor sich hin. Das Beste möchte gesehen sein. Ähnlich wie Dornröschen wartet es darauf, vom Prinzen endlich geküsst zu werden. Warum in die Ferne schweifen, wenn das Gute so nah liegt ...?

17
Coach für positive Realitätsgestaltung

Wer die inneren Einstellungen lassen möchte, wie sie sind, und trotzdem bestellen möchte, bei dem werden wohl wirklich nur Kleinigkeiten wie Parkplätze oder Ähnliches geliefert werden. Auf Dauer kommen wir nicht darum herum, uns für die Umstände unseres Lebens mitverantwortlich zu fühlen und einen Spiegel unserer inneren Qualitäten darin zu sehen.

Bärbel

$\mathcal{D}$as geschieht in einer Gruppe, die über ein Jahr immer wieder zusammenfindet, um zu hoppen, ins Herz zu gehen und gemeinsam ihren Weg zu finden? Nun, wir haben das ganz praktisch ausprobieren dürfen, im Jahr 2009, während unserer ersten Ausbildung zum »Coach für positive Realitätsgestaltung«. In einem Interview mit dem Allegria Magazin im Januar 2010 beschreibt Bärbel ihre Seminare folgendermaßen:

»Die Teilnehmer lernen bei meinen Seminaren die unterschiedlichsten Werkzeuge kennen, um sich ihre Realität positiver zu gestalten mit der Kraft des Herzens und des Universums. Dabei entstehen auf sanfte, unkomplizierte Weise gruppendynamische Prozesse, die die Entwicklung des Einzelnen fördern. Wer lieber mit sich alleine arbeitet, dem empfehle ich als »Do-it-yourself-Crashkurs« vor allem, an der Selbstliebe zu arbeiten. Wenn man sich selbst nicht liebt inklusive aller Schwächen, dann versucht man automatisch, immer wieder Teile der eigenen Realität zu verdrängen und nicht hinzusehen. Aber genau diese Feinwahrnehmung für die feinen Impulse aus dem eigenen Inneren braucht man, um die Stimme des universellen Lieferboten hören zu können. Selbstliebe ist das A und O. Ganz nebenbei hat der Mensch, der sich selbst liebt, eine ange-

nehmere Ausstrahlung und Wirkung auf andere. Er erreicht auf allen Ebenen des Lebens mehr als ein Mensch, der voller Zweifel an sich selbst ist.

Bei der Ausbildung steigen wir natürlich automatisch tiefer in jedes Thema ein, während die Einzelseminare Teilaspekte herausgreifen und auf möglichst leichte und vergnügliche Weise nutzbar machen.«

Der Hintergrund der Ausbildung war Bärbels Wunsch, interessierten Menschen das Hoppen in seiner ganzen Bandbreite wirklich nahebringen zu können. Denn wir haben während der Vorträge und Seminare immer wieder bemerkt, wie schwierig es ist, den Teilnehmern in wenigen Stunden die Tiefe und Aussagekraft des Hoppens deutlich zu machen. Hoppen erschließt sich in seiner Gänze erst so richtig, wenn es häufiger geübt und angewendet wird.

Im März 2009 trafen sich dann zum ersten Mal mehr als 30 »Auszubildende«. Insgesamt standen hierfür vier gemeinsame Wochenenden auf dem Programm. Für Bärbel und mich war es eine wunderbare Erfahrung, wie diese so unterschiedlichen Charaktere über die Zeit zusammengefunden haben. Da gab es die 30-Jährige neben der Rentnerin, der Unternehmer neben dem freischaffenden Künstler, die Therapeutin neben der Hausfrau. Das Hoppen öffnete den Teilnehmern bei jedem Treffen mehr das Herz, bis sich letztlich alle am letzten Wochenende nur noch eins fühlten. Jeder durfte so sein, wie er oder sie ist, und doch war gerade darum diese unheimliche Verbundenheit zu spüren. Für Bärbel und mich war diese Ausbildung der Höhepunkt unserer Tätigkeit als Seminarleiter.

Um einen Eindruck vermitteln zu können, warum dem so war, möchte ich die Teilnehmer jetzt selbst zu Wort kommen lassen:

→ *»Besonders habe ich an diesem durch und durch gelungenen Seminar genossen, dass ich niemals das Gefühl hatte, belehrt zu werden. Es war ein ›Miteinanderteilen‹, welches die Besonderheit und Einzigartigkeit eines jeden Gruppenmitglieds respektierte. Die liebevolle und akzeptierende Seminarleitung von Bärbel und Manfred gab den sehr unterschiedlichen Teilnehmern die Möglichkeit, sich in einer wunderbaren Weise angenommen zu fühlen und sich selbst ebenfalls in liebevoller Aufmerksamkeit dem anderen zu öffnen. Sehr imponiert hat mir auch, dass ihr bei jeder Übung selbst mitgemacht habt, denn ich hatte erwartet, dass ihr mit allem schon »durch« seid. Eben auch deswegen kam für mich das starke Gefühl der Gemeinsamkeit zuwege, denn wir wurden nicht angeleitet, etwas zu tun, was ihr schon in- und auswendig kennt, sondern ihr seid mit uns*

*immer wieder voller Neugier in die Aufgaben einge-
stiegen. Dafür und für noch viel mehr DANKE.«*

→ *»Die Jahresausbildung war super, und ich bin froh,
dass ich sie zusammen mit meiner Tochter gemacht
habe. Wir konnten uns austauschen, zusammen hoppen und haben uns immer auf den nächsten Teil und
auf die Gruppe gefreut. Außerdem wurden zwei große Bestellungen geliefert. Danke, dass ihr so spon-
tan seid und einen fünften Teil anbietet.«*

→ *»Superinteressante Ausbildung, mit der man vieles
bewirken kann, vor allem sich selbst weiterzuentwickeln und seine Stärken auszubauen. Das Schöne
für mich waren jedes Mal das Wiedersehen und der
Erfahrungsaustausch mit den tollen Menschen, die
mich über dieses ganze Jahr während der Ausbildung begleitet und die ich ins Herz geschlossen habe.
Einziger Wermutstropfen: Die Ausbildung war leider viel zu schnell vorbei, ich hätte gerne noch viel
mehr Zeit mit euch allen verbracht! Ich bin dankbar für die Begegnungen und die gemeinsame Zeit!
Danke, Danke, Danke!«*

→ *»Danke für all eure Mühe, eure Liebe, Fantasie,
Input ..., womit ihr unser Jahrestraining vorbereitet
und zu einem unvergesslichen Erlebnis gemacht
habt. Diese vier Seminare haben meinen Horizont
ganz wesentlich erweitert.«*

Besonders ist uns der vierte und letzte Teil der
Ausbildung in Erinnerung geblieben. Jeder der
Teilnehmer sollte einen eigenen Beitrag für diesen Tag leisten. Dabei stand es frei, ob meditiert,
getanzt, gesungen oder massiert wurde. Es war
zwar ein lockerer Zeitrahmen vorgesehen, der
jedoch unter- oder überschritten werden durfte.
Allen stand dabei frei, ihre eigene Begabung zu
zeigen und vielleicht sogar erst zu entdecken.
Und die Vielfalt war scheinbar grenzenlos:

Klaus ist Rundfunkmoderator und hat eine en-
ge Verbindung zur Musik. So legte er einen 60er-
Jahre-Schlager über eines meiner Gedichte und
schmetterte ihn hingebungsvoll in die Runde.

Ruth meditiert viel und suchte sich eine berührende Melodie aus, in der die »Stille hernieder-
sinkt, um den Wunsch des Herzens zu hören«.
Alle standen wir dabei im Kreis, um uns in einer
musikalischen Reise der Stimme der Stille anzu-
vertrauen.

Lisbeth schreibt selbst Texte und komponierte
ein eigenes Lied über die Kraft der Liebe. Sie
trug es auch selbst auf sehr berührende Art vor.
Mittlerweile hat sie eigene Texte auch als CD he-
rausgebracht.

Britta ist tänzerisch begabt und machte mit der
Gruppe einen schönen Kreistanz.

Claudia führte die Gruppe in einer Meditation
zu einem Platz im eigenen Herzen.

So fanden viele der Teilnehmer während der Ausbildung ein Stück weit in ihre eigene Begabung hinein. Für Bärbel und mich war dabei die Herausforderung, uns als Seminarleiter immer wieder zurückzunehmen, um die Gruppe selbst und die Kraft der Liebe in ihr wirken zu lassen. Weniger ist oftmals mehr, wenn man mit Menschen arbeitet. Laotse bringt es mit seinen Worten auf den Punkt:

> »Der beste Führer ist der, dessen Existenz
> gar nicht bemerkt wird. Wenn die Arbeit des
> besten Führers getan ist, sagen die Leute:
> ›Das haben wir selbst getan.‹«

Die Kunst der Leichtigkeit

Herzen reagieren auf andere Herzen und schwingen sich in einer Gruppe immer mehr aufeinander ein. Durch das immer wieder praktizierte Hoppen findet eine Gruppe sehr inniglich zusammen, auch wenn alle dabei eigenständig und Individuen bleiben. Jeder Mensch zeigt dabei seine Besonderheit, die von allen akzeptiert und geschätzt wird.

18
Neue Lösungen für eine neue Welt

Wenn alle Menschen auf der Welt in Verbindung treten würden mit ihrer innersten wahren Natur, dann würden sie hier Erfüllung und Harmonie finden. Würden sie dann auch allen anderen Menschen diesen Zustand von Erfüllung wünschen, würden wir alle weltweiten Frieden erreichen. Ich bin zutiefst überzeugt, dass dies der Wahrheit entspricht.

Bärbel

Die Recherchekunst lag Bärbel im Blut. Sie war so etwas wie eine »spirituelle Reporterin«. Wann immer sie über ihr Netzwerk von einem neuen Trend oder einem interessanten Menschen hörte, war sie sofort Feuer und Flamme. War einmal ihr Interesse erwacht, dann sammelte sie Material und ging der Sache wirklich auf den Grund. Meistens besuchte sie dann ein Seminar oder traf sich mit den Menschen selbst.

So reisten wir zum Guru nach Indien wie auch zu Heilern auf die Philippinen und nach Brasilien. Sie sammelte dabei auch aus vielen Quellen neue zukunftsweisende Techniken und traf sich mit Erfindern und Wissenschaftlern. Wie es so ihre Art war, vertiefte sie sich in deren Erkenntnisse, um sie danach allgemeinverständlich mit ihren Worten an die Leserschaft weitergeben zu können.

Viele interessante Entdeckungen bündelte sie dann in ihrem Buch »Große Krise – große Chance«, dessen Untertitel »neue Lösungen für eine neue Welt« verspricht. Es erschien 2009.

Ihre Gabe war es, dabei selbst komplizierteste Sachverhalte auf lockere und leichte Art und Weise wiederzugeben. Und manchmal wunderte sie sich selbst darüber, welche Weisheiten beim Schreiben nur so aus ihr herausflossen. Ihr Anliegen war es wirklich, auf eine Verbesserung der Welt hinzuwirken.

Zur Ankündigung des Buches »Große Krise – große Chance« schrieb sie in einem Newsletter:

»Es geht darum, dass wir hier keine Finanzkrise hatten oder haben, sondern eine Systemkrise. Und um neue Systemvorschläge geht es eigentlich. Experten zerbrechen sich schon seit Jahrzehnten die Köpfe, und es gibt mittlerweile kein Problem mehr, zu dem es nicht auch schon mindestens eine Lösungsmöglichkeit gäbe.

Beispielsweise kann man aus Reiskleie (von der wir Zigmillionen Tonnen Abfall jedes Jahr haben auf der Erde) gemischt mit ein bisschen Harz einen Reiskleie-Asphalt machen. Er ist leiser, abriebfester, erzeugt kein Aquaplaning und ist langlebiger als herkömmlicher Asphalt und bindet CO2 – superökologisch auf höchstem Niveau.

Mit Sojakleie ist es das Gleiche: Auch hier fallen bei der Sojaöl- und Tofuproduktion große Mengen an Sojakleieabfall an. Man kann ohne jede Chemie eine Sojafaser daraus machen, die antibakteriell wirkt und negative Ionen abgibt. Damit erzeugt sie eine Luft, die sich mehr der Waldluft annähert, und der Staub im Raum reduziert sich. Staubpartikel sind nur viele in der Luft, wenn negative Ionen fehlen.

Inzwischen sind die Produktionen auch so weit, dass die Sojakleiedecken, die sie herstellen, super-

kuschlig und gemütlich zum Schlafen sind. Die Kinder und ich schlafen nur noch in Sojadecken, weil das Schlafgefühl viel angenehmer ist als bei jeder anderen Bettdecke. Eine Freundin von mir hatte sich zum Ausruhen kurz in meine Sojadecke gekuschelt und wollte gar nicht mehr aufstehen. Die hat auch gleich ein Familienset für sich und ihre Familie bestellt. Auch hier ist die Botschaft: Öko ist möglich auf höchster Komfortstufe!

Altreifen kann man inzwischen giftstofffrei entsorgen und in ihre Bestandteile zerlegen. Bisher werden sie verbrannt unter Freisetzung von Giftstoffen, irgendwo in die Wüsten von Afrika geworfen oder als Granulat auf Spiel- und Sportplätzen verarbeitet. Diese Granulate strömen allerdings Gifte aus, sobald die Sonne darauf scheint. Aber zu all diesen Problemen entstehen mehr und mehr Lösungen.

Außerdem ausführlich berichtet habe ich über Grundeinkommen, Regionalwährungen und Equilibrismus. Am Rande auch über Sekem in Ägypten. In Sekem kann man heute schon erleben, wie eine lebenswerte Zukunft für alle funktionieren könnte, in Sekem wird es vorgemacht. Der Gründer Ibrahim Abouleish hat ein Stück Wüste begrünt und inzwischen eine Kleinstadt mit 2000 Anwohnern und einer florierenden ökologischen Wirtschaft dort angesiedelt. Letzte Woche hörte ich, dass nun eine Universität in Sekem genehmigt worden ist.«

ICH ERINNERE MICH noch gut daran, als Bärbel während einer Läuseplage in unserer Schule auch dieses Thema hinterfragte. Es mag als kleines Beispiel ihres Vorgehens bei der Recherche dienen.

In unserer Schule wurde hin und wieder Läusealarm gegeben. Dann waren wieder einmal in einer Klasse Kopfläuse aufgetaucht, und die Eltern wurden zu sorgfältiger Kontrolle und vermehrtem Kämmen der Haare aufgefordert. Als dann auch bei einem unserer Kinder Läuse auftauchten, gab es von medizinischer Seite Empfehlungen, Bettwäsche häufig zu waschen, Kuscheltiere einzufrieren und chemische Keulen auf die Kinderköpfe aufzubringen. Bärbel glaubte dem ganzen Zauber erst mal gar nicht und recherchierte für sich. Und es zeigte sich, dass es einzig und allein auf das genaue Kämmen und Entfernen der Nissen ankommt. Erst etwa fünf Tage nach dem Eierlegen schlüpfen die Läuse aus und werden dann geschlechtsreif. Kämmt man darum sehr genau und wiederholt es nach vier Tagen mehrmals, sind alle Läuse verschwunden. Bettwaschen und chemische Keule sind deswegen gar nicht nötig.

Die Kunst der Leichtigkeit

Bärbel war beseelt von einer unstillbaren Neugier. Alles konnte sich für sie als interessant erweisen. Hatte sie erst mal ein Thema entdeckt, dann ließ sie nicht locker, bis sie alles Wissenswerte darüber gesammelt hatte. Sie beherrschte das Recherchieren perfekt und machte auch vor schwierigen Sachverhalten wie Quantenphysik oder Metaphysik nicht halt. Dabei war ihre Gabe, all dies auf leichte und lockere Art und Weise an ihre Leser weiterzugeben.

19

Be-
stellungen
aus dem
Herzen

Jeder erfolgreiche Wunsch ändert die Umstände unseres Lebens grundlegend. Darum sollten wir wirklich sicher sein, auf solche Veränderungen vorbereitet zu sein. Finde deinen wirklichen, tiefsten Wunsch, damit er dich schon heute glücklich machen kann.

Bärbel

*N*achdem uns die Kraft des Herzens und der Liebe beim Hoppen unmissverständlich verdeutlicht wurde, war es an der Zeit, auch dem Bestellen eine neue Richtung zu geben: Das »Bestellen aus dem Herzen« war entstanden.

Wenn ich beim Hoppen ganz ins Herz gehe und das Problem in meinem Leben liebe, es ganz annehme und ihm sogar dankbar bin, dann dürfen wir die Erfahrung machen, dass das Problem sich in nichts auflöst. Irgendetwas in uns Menschen hat die Kraft, die Probleme in unserem Leben aufzulösen. Diese Kraft wohnt in unserem Herzen und verbindet uns mit allem, was ist. Es ist die Liebe. Ich kann also zum Beispiel sagen: »Ich liebe den Teil in mir, der erschaffen hat, dass meine Bestellung nicht geliefert wird.« Dabei ist es egal, welche Art von Bestellung das war.

Bestellen ging durch das Hoppen in eine neue Dimension. Bärbel wurde in einem Interview (Allegria Magazin, Januar 2010) gefragt: »Gibt es etwas, das grundsätzlich anders ist beim Bestellen als vor über zehn Jahren, als du angefangen hast damit?« Und ihre Antwort war:

»Vor zehn Jahren musste man noch sehr genau formulieren, was man möchte. Sonst konnte man ja nichts bestellen. Inzwischen ist das Hoppen dazugekommen.

Dabei braucht man nur zu wissen, was man NICHT will. Indem man die Resonanz zu dem betreffenden Problem im Innen heilt, heilt auch die Situation im Außen und verändert sich. Die Welt um uns antwortet immer auf das, was in uns ist. Das hat seine Vorteile und natürlich auch seine Nachteile.

Wir haben uns während unserer Jahresausbildung die Frage gestellt: Wenn ich die Schöpfung wäre, warum habe ich einen inneren Schweinehund erschaffen? Ein Teilnehmer fand die Antwort: ›Wenn ich die Schöpfung/Universum/Gott wäre, hätte ich den inneren Schweinehund erschaffen, um den Menschen zu zeigen, wo der Ort des freien Willens ist. Nämlich nur im Inneren. Nur da liegt unsere wirkliche Macht.‹«

»Bestellungen aus dem Herzen« erschien Anfang 2010 und verbindet das Hoppen mit dem Bestellen. Vor allem geht es darum, was in meinem Inneren dazu beitragen kann, wenn eine Bestellung nicht funktioniert. Insgesamt werden zehn Tricks des inneren Schweinehunds näher beleuchtet und entsprechende Lösungen gezeigt, wie das Bestellen dann trotzdem gut funktioniert. Neu ist außerdem die Frage, was das Herz eigentlich bestellen möchte, denn oft ist dies etwas völlig anderes als der Wunsch des Verstandes. Es ist der klassische Unterschied zwischen Herzenswunsch und Verstandeswunsch.

Seit dem Erscheinen von »Bestellungen aus dem Herzen« frage ich die Teilnehmer in jedem meiner Seminare: »Was ist der Wunsch deines Herzens?« Wenn der Verstand schweigt, wird erst die leise Stimme des Herzens vernehmbar. Es ist fast so, als würde unser Verstand dauernd viel Lärm machen, und erst wenn dieser Krach endet, kann das Herz gehört werden. Und dazu braucht es eine kleine Meditation, ein Kontakt zum Herzen, um ganz in die Stille eintreten zu können. Angeregt durch die vielen Erfahrungen von Teilnehmern auf meinen Seminaren habe ich dann ein eigenes Buch geschrieben, das viele Übungen und Anregungen für den Kontakt zum Herzen enthält: »Die 5 Tore zum Herzen«. Es ist Anfang 2011 im Koha Verlag erschienen.

Die fünf Tore ins Herz werden dabei als die Ebenen Bewusstsein, Mitgefühl, Heilung, Erfüllung und Bestimmung benannt.

Wenn der Kontakt zum Herzen aufgebaut und gepflegt wird, wird die Stimme des Herzens immer lauter und kann immer besser verstanden werden. Allein schon die Frage »Mein Herz, was möchtest du gerade am liebsten?« führt dazu, den Gefühlen im Leben mehr Raum zu geben und ihren Impulsen wachsamer zu folgen. Das Herz öffnet sich für mich selbst wie für die Welt da draußen. Und es entsteht eine Verbindung zum Universum, ein immer enger werdender Kontakt.

Das Herz bestellt dann aus sich selbst heraus, ohne dass der Verstand dazu noch bewusst viel beitragen muss.

Die Kunst der Leichtigkeit

Es ist eine deutliche Entwicklung zu erkennen, die von den ersten Büchern über das Bestellen hin zu den Bestellungen aus dem Herzen führt. Laut Bärbel ist das »Bestellen beim Universum« nur eine andere Formulierung für die Möglichkeit, bewusst sein Leben gestalten zu können. Die Möglichkeit, gestaltend einzugreifen, ist nun aber bei jedem Menschen unterschiedlich. Sie ist umso größer, je bewusster ein Mensch ist und je mehr er mit seinem Herzen in Verbindung steht. Man könnte auch sagen, die größte Kraft zur Gestaltung des eigenen Lebens hat ein Mensch, der in sich ruht und voller Liebe und Selbstliebe ist. Womit wir beim nächsten Kapitel sind.

20
Das Wunder der Selbstliebe

Wenn du dich für jeden freust, der in Glück und Fülle lebt, schickt dir das Universum auch Fülle. Hegst du hingegen Neid und Missgunst, dann nimmt das Universum dir womöglich alles weg. Es gibt dir alles, was du durch deine innere Einstellung »bestellst«.

Bärbel

$\mathcal{L}$iebe oder Selbstliebe ist nur ein anderes Wort für die Formulierung »Annehmen, was ist«. Bin ich in Kontakt zur Liebe, dann lerne ich, die Welt so zu lieben, wie sie ist. Wenn meine Selbstliebe sich entwickelt, dann lerne ich dabei immer mehr, mich selbst mit all meinen Fehlern und Mängeln anzunehmen, wie ich bin.

Das eine geht nicht ohne das andere. Liebe und Selbstliebe entwickeln sich gleichzeitig. Beide bedingen einander. Eigentlich ist es sogar ein und dasselbe – denn ich lerne, mich (oder die Welt) anzunehmen, wie ich bin. Ich stelle meine Bewertung zurück. Ich erkenne mich selbst im Spiegel meiner Projektionen.

Für Bärbel kristallisierte sich darum die Selbstliebe immer deutlicher als Dreh- und Angelpunkt für das erfolgreiche Bestellen heraus. Sie ist ein Basiselement für ein glückliches und zufriedenes Leben. Darum sehe ich unser letztes Buch »Das Wunder der Selbstliebe«, das Februar 2011 erschien, in gewisser Weise als eine Art Vermächtnis von Bärbel an. Auch wenn das damals beim Schreiben sicher nicht so gedacht war.

In einer Ankündigung für dieses Buch schreibt Bärbel (unveröffentlicht):

»Es hat sich mal wieder einfach so ergeben. Denn es war genau das Thema, das bei mir selbst anstand. Ich weiß, der eine oder andere ist geneigt zu denken: ›Was, die? Die muss sich doch selber lieben bis zum Abwinken ...‹ Ja, ja, schön wär's. Natürlich befasse ich mich nicht zum ersten Mal mit dem Thema, aber es ist immer wieder erstaunlich, was man für alte Muster in der Tiefe vor sich selbst verstecken kann, ohne es zu merken.

Nur ein Beispiel (mir wurscht, wenn mich dann einer auslacht, so viel Selbstliebe habe ich allemal, dass mir DAS nichts ausmacht ☺: Ich tendiere dazu, mit einer gewissen arglosen, vielleicht manchmal auch leicht naiven Gelassenheit durchs Leben zu spazieren und zu erwarten, dass alle mir nur Gutes wollen. Dem ist gelegentlich jedoch nicht ganz so. Es gibt Leute, die arbeiten regelrecht rhetorische Pläne aus, um dann mit dem süßesten Lächeln von allen anzukommen und mir irgendetwas aufzuschwatzen, das zwar toll für sie sein mag, aber für mich gar nicht. Oder manchmal wäre es sogar auch gut für mich, ist aber einfach zu viel, weil ich schon so viel mache.

Das merke ich oft alles erst mal nicht. Ich sag brav Ja und Amen, und zwei Tage später tut es mir leid. In der Vergangenheit dachte ich in solchen Fällen immer, keinen Rückzieher mehr machen zu können, schließlich habe ich doch schon zugesagt. *Und außerdem habe ich mich dann auch noch selbst niedergemacht, weil ich so dämlich bin. Ich habe dann versucht, mir anzutrainieren, mehr ›auf der Hut zu sein‹, damit mir das nicht mehr passiert. Das klappte rein gar nicht, und dann habe ich mir selbst erzählt, dass ich einfach zu dämlich bin, dass mir immer wieder dasselbe passiert.*

Nach meinem vertiefenden Selbstliebetraining haben sich zu diesem Problem drei Dinge geändert:

a) Ich habe festgestellt, ich will gar nicht so durchs Leben gehen, dass ich ständig auf der Hut bin. Ich mag so bleiben, wie ich bin, und genau das tue ich auch.

b) Ich erlaube mir rückwirkend abzusagen, egal wie lange ich brauche, bis ich merke, es stimmt was nicht an der Sache für mich. Der andere hat es probiert, es sah so aus, als käme er durch damit, Pech gehabt! Ich steige aus, wann immer es sich richtig anfühlt für mich, und wenn der andere sich ärgert, ist das sein Problem.

c) Ich spreche liebevoller mit mir selbst. Ich sage nicht zu mir, dass ich dämlich oder unfähig wäre. Ich darf so sein und liebe mich trotzdem.

Bevor die Bücher so bekannt wurden, hatte ich dieses Problem auch schon, aber nicht so massiv. Die

Menge an Leuten, die wollen, dass ich dies und das oder jenes tue, hat drastisch zugenommen. Das hat meine alten Muster, von denen ich mir einbildete, damit schon durch zu sein, noch mal richtig zum Aufkochen gebracht.

Und deswegen waren viele, viele Selbstliebeübungen genau das, was ich brauchte. Und da Schreiben mich entspannt und glücklich macht, ist – schwuppdiwupp! – wieder ein Buch daraus geworden.«

Aus ihrer Zeit als junge Mutter lässt Bärbel zum Thema Selbstliebe auch unsere Zwillinge zu Wort kommen (aus »Rabenvaterschnullerbefestigungsanlage«, unveröffentlicht):

»Die Zwillinge berichten weiter: ›Mama hat keine Ahnung, was den Unterschied bedingt, aber manche Tage gehen vorbei, ohne dass man etwas erledigt hat, während man an anderen Tagen zehnmal so viel Zeit zu haben scheint.

Manche Mütter allerdings (vor allem die ohne Au-pair und bei denen der Mann kaum mithilft, denn es liegt schon auch mit an den Hilfskräften) scheinen jahrelang vorwiegend die Negativtage zu erleben. Man erkennt diesen Typus zum Beispiel daran, dass er sich strikt weigert, mehr als ein Kind zu bekommen. Und sie erfreuen schwangere Freundinnen mit so aufmunternden Worten wie:

»Na, dann siehst du auch endlich mal, wie es mir schon seit Jahren geht. Mit deinem alten Leben kannst du komplett abschließen. Wenn es dann auch für dich nur noch Fläschchen und Windeln gibt und das 24 Stunden am Tag, dann wirst du mich endlich verstehen. Es ist wie ein Albtraum, aus dem man nicht mehr aufwacht. Oder auch, als wäre man selbst gestorben. Im Grunde ist es das Ende deines eigenen Lebens, genieße diese letzten neun Monate, so gut du kannst ...«

Reizend, gell? Mama hat mehrere solche Sprüche zu hören bekommen. Das Einzige, was sie allerdings daraus geschlossen hat, ist, dass wir als Gesellschaft einen Riesenfehler machen. Da gibt es Leute, die fühlen sich einsam und nutzlos, Leute, die gerne Kinder hätten und keine bekommen können oder keinen Partner haben und was sonst nicht alles. Und auf der anderen Seite gibt es dann Mütter, die sich wie in einem endlosen Albtraum fühlen und so, als wären sie selbst gestorben. Das ist doch bekloppt. Wenn diese Mütter ein Drittel des Tages ihre Kinder an Vereinsamte und Unausgefüllte abgeben könnten, wäre beiden geholfen.

Oder man könnte für Jugendliche nach der Schule drei Monate Baby- und Kleinkindpflegedienst einführen. Erstens würden viele vermutlich besser beim Verhüten aufpassen, wenn sie mal einen tiefen Einblick in die Realität eines Lebens mit Kindern bekämen, zweitens würden sie gleich viele nützliche Dinge lernen, sodass es dann mit den eigenen Kindern von Anfang an gut klappt, und drittens gäbe es wieder ein paar albtraumgeplagte Mütter weniger. Nämlich die, bei denen man diesen Kleinkindpflegedienst durchführt.

Mama sagt, ihr fehle eine solche Lehrzeit mit Baby eindeutig. Sie guckt in ganz vielen Dingen bei unserem Au-pair ab, weil die einfach viel mehr Erfahrung mit Babys hat als Mama. Man würde sich viel Zeit und Negativtage sparen, wenn man »ordentlich ausgebildet« oder einfach erfahrener im Umgang mit Babys wäre.

Ein typisches Phänomen der Unerfahrenheit in unserer gesamten Gesellschaft ist, dass die nettesten und liebsten Eltern oft die lautesten Schreikinder haben. Das liegt nur daran, dass sie nicht merken, wie sie ihre Kinder erziehen. Sie rennen hochbesorgt bei jedem Piepser des Minis los und flöten ihm umso lieblicher in die Ohren, je rabiater der Balg schreit. Das Baby kann ja nichts dafür, aber in seiner Unbelecktheit stellt es einfach fest: Die Eltern mögen es, wenn ich ganz fürchterlich schreie. Je übler der Schreiton, desto scheinbar erfreuter und lieblicher reagieren sie.

Und schon hat wieder ein reizendes Elternpaar ein Gräuelkind – und ahnt nicht, wieso. Das Leben fordert Grenzen von den Menschen ein, und das Baby ist der Lehrmeister in diesem Fall.

Schlimm nur, wenn man es nicht merkt, weil man so keinerlei Erfahrung hat und weil in der Schule lauter unbrauchbare Dinge gelehrt werden, aber keine Babypsychologie. Eins von vielen Themen, die superwichtig wären, die aber im Abitur nicht enthalten sind. Wir hechten in Bio und anderen Fächern lieber zehn Jahre hinter den Nobelpreisen her in dem, was wir in der Schule lernen, und haben dafür von lebenspraktischen Dingen mehr oder minder keine Ahnung. Wie sinnig.

Moral von der Geschichte: Selbstliebe hat auch ganz viel damit zu tun, dass wir sie nicht vorgelebt bekommen haben. Wenn ich denke, mich für Kinder oder Familie aufopfern zu müssen, dann lebe ich meinen Kindern ein schlechtes Vorbild vor.«

Die Kunst der Leichtigkeit

Mir fällt gerade die Geschichte von dem Mann ein, der einen großen Stein auf eine Palme legte, weil er wollte, dass sie klein bleibt. Als er nach Jahren wiederkam, war dies die größte Palme der Umgebung. Sie hatte durch den Stein die stärksten Wurzeln und die größte Kraft ausgebildet und war größer geworden als alle anderen. Der

Stein lag nun in ihrer Krone, ganz weit oben. Mein Fazit daraus ist, mit der Kraft der Selbstliebe verwandelt sich jede Kraft von außen in eine nützliche Kraft für mich, egal ob sie positiv oder negativ ist. Ich hätte mir die Situation ebenfalls so erschaffen, um stark zu werden.

21
Das Bestellen entwickelt sich weiter

Wenn dir ein Name oder ein Wort partout nicht einfallen will, nützt es nichts, das Gesuchte krampfhaft herbeizwingen zu wollen. Es fällt dir erst ein, wenn du nicht mehr daran denkst. Genauso ist es auch mit dem Bestellen: Loslassen aktiviert die Leitung zum Universum.

Bärbel

Die letzten Kapitel geben so ganz nebenbei eine Art Chronologie aller Bestellbücher. Dabei wird eine stetige Weiterentwicklung dieses Themas deutlich. Zur besseren Übersicht möchte ich diesen Werdegang hier noch einmal zusammenhängend betrachten. Denn Bärbels »Bestellungen« werden leider in der Öffentlichkeit zu häufig nur auf ihr erstes Buch »Bestellungen beim Universum« heruntergebrochen. Dabei steckt so sehr viel mehr dahinter.

Ganz zu Beginn schreibt Bärbel in ihrem Onlinemagazin:

»Neu ist also rein gar nichts an den Bestellungen beim Universum. Neu ist allenfalls, dass es so einfach sein darf.

Inzwischen haben so viele Menschen Erfahrungen mit den Kräften des Geistes und seltsamen Synchronizitäten und Zufällen gemacht, dass wir uns die Offenheit für das Anerkennen unserer eigenen Schöpferkraft nicht mehr hart erkämpfen müssen.

Ein wichtiger letzter Punkt, der nicht oft genug wiederholt werden kann: ›Bestellungen beim Universum‹ ist nur eine andere Formulierung für ›Ich erschaffe meine äußere Welt mit meiner inneren Welt‹.

Das heißt, es funktioniert NICHT, mir alle möglichen Dinge zu bestellen, weil ich den IST-Zustand so unerträglich finde, und das Universum soll dann ein neues IST erschaffen, während ich meine inneren Zustände lasse, wie sie sind. Meine inneren Zustände SIND ja die Bestellung ans Universum.

Es geht vielmehr darum, eine bewusste Absicht zu kreieren (mich entscheiden, was ich will, die meisten Menschen können nur formulieren, was sie NICHT wollen). Und indem du diese klare Absicht ins Universum schickst, beginnt es, dir neue Gelegenheiten zu senden und dir zu zeigen, mit welchen anderen Augen du die Welt betrachten kannst, sodass du das erschaffst, was du möchtest.

Das ist das, was ich immer mit der kindlichen Freude meine, mit der man bestellen soll. Es kann nur kommen, was du aus Freude bestellst. Was immer du aus Mangel oder als Vermeidungsstrategie bestellst, kann nicht kommen, denn diese Bestellung enthält die Energie des Mangels und der Vermeidung.«

2007 beschrieben wir dann in unserem Buch »Fühle mit dem Herzen«, wie entscheidend Gefühle bei der Wunscherfüllung sind.

Die Kraft, die den Wagen (unseren Wunsch) zum gewünschten Ziel bringen kann, kommt vom Motor. Und das ist unser Gefühl, das in unseren Herzen wohnt. Ein Angstwunsch oder ein Egowunsch hat keine Kraft, da er nicht aus dem Herzen kommt. Ein Herzenswunsch hat dagegen viel mehr Kraft, zu manifestieren. Gefühle, die stark zur Wunscherfüllung beitragen, sind Synonyme der Liebe: Annahme, Mitgefühl, Dankbarkeit und Vergebung, um nur einige zu nennen.

2008 entdeckten wir das »Hoppen«. Im Buch »Cosmic Ordering – die neue Dimension der Realitätsgestaltung nach dem alten hawaiianischen Ho'oponopono« gehen wir einen ganz neuen Ansatz. Anstatt ein Problem »wegzuwünschen«, nehmen wir es beim Hoppen in unser Herz und bitten die Liebe, sich des Problems anzunehmen und es zu heilen. Die Hawaiianer sehen den Ursprung eines scheinbar außen liegenden Problems in unserem Inneren, in unseren negativen Gedanken, Gefühlen und inneren Bildern. Sie lösen ein »äußeres« Problem darum durch Heilung unserer inneren Muster und Strukturen. Ähnlich wirkt auch das Hoppen.

Im Jahr 2009 erschien das Buch »Zweisam statt einsam«, in dem Bärbel das Prinzip des Hoppens auf den Bereich Partnerschaft anwendet. Da das Außen deinem Inneren entspricht, bekommst du immer den Partner, der dir und deinem Unterbewusstsein entspricht. Dein Unterbewusstsein bestellt immer mit. Das nannte Bärbel »Zusatzüberraschungslieferungen«.

2010 untersuchten wir in »Bestellungen aus dem Herzen« die Gründe, warum das Bestellen eben manchmal nicht so recht funktioniert. Vor allem machen uns unsere inneren Ablehnungen und der mangelnde Kontakt zu unseren Gefühlen und unserem Herzen einen Strich durch die Rechnung. Je mehr ich meine Ablehnung überwinde und je mehr ich im Herzen bin, umso besser klappen auch meine Bestellungen! Ich selbst bin der limitierende Faktor für meine Wunscherfüllung.

Im letzten gemeinsamen Buch, »Das Wunder der Selbstliebe«, erschienen 2011, zogen Bärbel und ich die Konsequenz: Mit Liebe geht alles viel einfacher. Selbstliebe ist der Schlüssel zum Öffnen aller Türen, für inneren Reichtum, Erfülltheit und Glück. Wer mehr in die Selbstliebe gelangt, dem öffnet sich das Herz, der wird immer bewusster und bei dem gelingen auch die Wünsche immer besser. Genauer gesagt, wer immer mehr in die Liebe kommt, der akzeptiert sein Leben mehr, wird dankbarer und fühlt sich immer häufiger einfach nur beschenkt vom Universum.

Diesen Aufruf hat Bärbel in den Büchern der letzten Jahre immer wieder gestartet. Bestellen zu lernen ist wie das Durchlaufen einer Schule. Am Anfang mache ich mir noch Listen, probiere das Wünschen nach Herzenslust aus und habe die ersten Erfolge. Nach und nach entdecke ich meine inneren Begrenzungen, und wenn ich an mir arbeite und innerlich wachse, dann wächst damit auch meine Fähigkeit zu bestellen. Und schließlich, kurz vor meinem »Bestelldiplom«, wird es paradox: Ich kenne meine Fähigkeiten wie meine Begrenzungen beim Bestellen, fühle mich aber einfach nur beschenkt vom Universum. Wenn doch schon alles da ist, warum soll ich dann noch etwas bestellen? Das bedeutet, je mehr ich mir meiner Kraft zum Bestellen bewusst geworden bin, umso weniger nutze ich sie eigentlich noch. Denn alles, was ist, ist gut.

Die Kunst der Leichtigkeit

In den mehr als zehn Jahren, die seit dem Erscheinen von »Bestellungen beim Universum« vergangen sind, hat Bärbel das Bestellen immer weiterentwickelt. Sie hat dabei vielen Menschen den Weg hin zu einem erfüllten, selbstbestimmten Leben gezeigt. Dabei wurde aber immer deutlicher, dass wir uns zumeist bei der Erfüllung unserer Wünsche selbst im Wege stehen.

22
Warum bist du gegangen

Ich denke, dass das gesamte Universum nicht aus Materie, sondern aus Bewusstsein besteht, und dass Bewusstsein unsterblich ist. Insofern ist der Tod auf jeden Fall relativ, weil das physische Leben dann nur eine von vielen möglichen Ausdrucksformen dieses Urbewusstseins ist. »Wir sind spirituelle Wesen, die eine menschliche Erfahrung machen, und nicht menschliche Wesen, die eine spirituelle Erfahrung machen.« – Dies ist eine schöne Beschreibung von Pierre Teilhard de Chardin, mit der ich übereinstimme.

Bärbel

*I*n einem kleinen Text beschreibt Bärbel selbst ein Nahtoderlebnis, das sie mit etwa 20 Jahren während eines Urlaubs erlebte:

»Ich fuhr auf Korfu gemeinsam mit einer Freundin mit einem Mofa sehr leicht bekleidet über kurvigste Bergsträßchen. Plötzlich musste ich einem Lastwagen ausweichen, konnte nicht mehr rechtzeitig bremsen und raste mit dem Zweirad über die Kante der Straße. Die Felsklippe ging sicher 100 m steil nach unten. Ich sah nur noch das Meer und dachte in dieser Sekunde: ›Jetzt bist du gleich tot, komisch, wieso stört dich das gar nicht, du bist ja so relaxt. Ich bin doch noch viel zu jung zum Sterben eigentlich, aber es fühlt sich an, als gäbe es gar nichts zu verpassen. Hier nicht wie drüben auf der anderen Seite nicht, ein seltsames Gefühl, ich fühle mich wie zwischen den Welten schwebend, hätte nie gedacht, dass man sich so gut fühlt, wenn man stirbt. Schade, ich würde gern meiner Freundin noch berichten, wie schön der Tod ist …‹ Das waren in etwa die Gedanken einer einzigen Sekunde, wo ich sicher war, gleich zu sterben. Im nächsten Moment fiel ich in einen trockenen Strauch am Abhang, der mich festhielt und, zwar sehr verkratzt, rettete.«

Vielleicht geht es auch dir so, dass in dir ein Zweifler und Skeptiker steckt, der denkt, durch Bärbels Tod würden ihre Bücher ad absurdum geführt. Sie selbst wusste doch so viel. Wie also konnte sie krank werden, ja gar sterben? Mit vielen Menschen habe ich in den letzten Monaten Gespräche dieser Art geführt. Ich möchte versuchen, verschiedene Aspekte einer Antwort zu geben. Auch wenn die letzte Antwort dazu vielleicht nicht gegeben werden kann. Allein Bärbel wird sie jetzt wissen. Auf ihrer Wolke im siebenten Himmel. Ich wünsche es ihr.

Auch für mich war Bärbels Tod eine Überraschung. Ich selbst dachte bis zuletzt, sie würde wieder gesund. Sie hat so viel Wissen gesammelt über Heilung und Gesundheit, hat so gesund gelebt, dass ich ihre Krankheit nur als Weg gesehen habe, wieder ein neues Thema ganz hautnah erleben zu können, um später vielen Menschen von ihrer Heilung berichten zu können. Ihr könnt sicher sein, es wäre ein wundervolles Buch geworden. Leider kam es aber nicht mehr dazu.

Für mich war Bärbel ein Mensch, der zu 100 Prozent seine Berufung, seine Erfüllung und seine Gnade lebte. Sie war für viele ein Vorbild. Warum also sollte sie sterben? Auch ich kann dazu nur meine eigenen Gedanken mit euch teilen.

Bärbel hat vielen Menschen den Weg gezeigt, ein glücklicheres, erfülltes Leben zu finden. Sie hat viele Menschen bewegt und angeregt. Aber schon im ersten Buch, »Bestellungen beim Universum«, sagt sie auf der ersten Seite, also ganz zu Anfang, frank und frei:

»Das, was man kann, lebt man, und was man nicht kann, das lehrt man. Das heißt, ich bin auch nicht perfekt, und das Leben ist eine tägliche Übung für mich.«

Diese Aussage war ihr ungemein wichtig. Nicht von ungefähr steht sie schon in der Einleitung, also auf Seite eins. Sie sagt damit, auch für sie ist das Bestellen eine immerwährende Herausforderung. Sie selbst »kann es noch nicht wirklich«, und genau deshalb beschäftigt sie sich so viel mit dem Thema Bestellen, um sich selbst immer nur wieder neu dieselben Dinge zu erzählen. Beim Lehren hat sie selbst am meisten Gelegenheit, sich immer wieder selbst zu überzeugen, dass Bestellungen funktionieren.

Noch deutlicher wird sie ganz zum Schluss des »Kosmischen Bestellservices«:

»Ab und zu schreiben mir Leser, die zu glauben scheinen, dass ich irgendwie besonders schlau oder vielleicht schon halb erleuchtet bin. Ich frage mich dann, ob

sie ›Bestellungen beim Universum‹ wirklich gelesen haben. Denn wie könnten sie sonst ausgerechnet mich für besonders schlau halten – bei dem, was ich alles so anstelle? Tut mir einen Gefallen und vergesst diesen Mist. Ich fühle mich nicht wohl dabei. Die Botschaft lautet doch ganz im Gegenteil: Wenn DIESE durchschnittlich Verrückte Bestellungen beim Universum ohne Ende aufgeben kann und so viele unwahrscheinliche Dinge geliefert bekommt, dann kann ICH es doch wohl erst recht! So und nicht anders solltet ihr das sehen.«

Sie war zeit ihres Lebens eine Lernende. Genau so habe auch ich sie immer erlebt. Sie selbst beschreibt sich gleich zu Anfang von »Bestellungen beim Universum« als größte Skeptikerin und Zweiflerin.

Ihre Bücher haben uns einen Weg gezeigt. Gehen müssen wir ihn aber allein. Meiner Meinung nach sagt ihr Tod genau das aus: »Geh jetzt allein. Ich habe dir viele Hinweise gegeben und viele Antworten gezeigt. Manche Fragen habe aber auch ich noch nicht gelöst. Denn ich bin ein Mensch, voller Fehler, Zweifel und Mängel. Geh du nun meinen Weg weiter. Für dich, aber auch für andere Menschen. Finde du nun die Lösung, die ich suchte. Ich habe dich so weit gebracht, wie ich nur konnte. Hier endet mein Weg, aber deiner geht hier weiter.«

Vielleicht gibt auch ihr Tod in gewisser Hinsicht eine neue Richtung vor. Denn jeder muss sich jetzt mit der Frage auseinandersetzen: »Wie geht es nun für mich weiter?« Glaube ich weiterhin an die Kraft der Gedanken oder werfe ich die Flinte ins Korn? Möchte ich wieder Opfer des Schicksals sein? Oder strebe ich nach wie vor danach, mein Leben aktiv aus mir selbst zu gestalten?

Durch Bärbels Fortgehen wird jeder von uns in dieser Hinsicht innerlich peinlichst befragt: »Wie stark bin ich aus mir selbst? Wie stark, wie unerschütterlich ist mein Glaube an mich und meine Kraft der Gefühle und Gedanken?« Bärbel hat stellvertretend für viele geglaubt, hat viele ein Stück weit getragen auf dem Weg, wie eine Entenmutter, der wir wie die Küken munter hinterherlaufen konnten. Nun heißt es für uns, selbst zu entscheiden und ein Stück weit erwachsen zu werden. Wer möchtest du sein?

Vielleicht hat Bärbel nun eine neue Aufgabe übernommen, die sie als Mensch nicht vollbringen konnte. Dieser Gedanke tröstet mich sehr. Als Mensch hat sie alles erreicht, Erfolg, Berühmtheit, Anerkennung. Aber ihre Seele wollte möglicherweise mehr. Sie wollte weiter. Die Seele hat noch ein anderes Ziel.

Unser Inder, bei dem wir regelmäßig unsere Leibgerichte bekommen und den auch unsere

Kinder sehr lieben, ist ein sehr gläubiger Mensch. Er kannte Bärbel nur als Gast und wusste nichts von ihrem Leben als Autorin. Als er von ihrem Tod hörte, war er sehr betroffen. Er hatte Bärbel als sehr liebenswerten, freudigen Menschen erlebt. Er sah mir dann lange in die Augen und meinte: »Der liebe Gott nimmt die freundlichsten und liebsten Menschen am schnellsten zu sich, weil er sie am meisten braucht.«

Vielleicht geht es auch gar nicht um meine persönliche Sichtweise und meine Antwort auf diese Frage. Gehst du, lieber Leser, deinen Weg nun für dich und allein, so bedeutet das doch: »Wie ist deine eigene Antwort? Was glaubst du, warum Bärbel gestorben ist?« Auch wenn das vielleicht ein wenig schräg rüberkommt hier an dieser Stelle, so würde ich dich wirklich bitten, dir diese Frage ganz für dich in dein Herz zu nehmen: »Was hat Bärbel für mich bedeutet? Und was glaube ich, in meinem Herzen, warum sie gestorben ist?« Mach bitte wirklich diese kleine »Übung« und schreibe dir deine Antworten auf.

Dann schau dir deine Antworten mit deinen Herzensaugen an. Am einfachsten ist eine Technik, die dem Hoppen sehr ähnlich ist und die ich auch sehr schätze, »The Work« von Byron Katie. Viele von euch kennen sie bestimmt schon. Es geht bei ihr vor allem darum, dich selbst zu erkennen im Spiegel deiner Projektionen. Am einfachsten ist es, jeden Satz zu untersuchen, in dem das Wort »Bärbel« durch das Wort »ich« ersetzt wird. Wenn du also geschrieben hast: »Bärbel hätte nicht krank werden dürfen«, bedeutet dies innerlich für dich die Nachricht »Ich selbst darf nicht krank werden«. Schreibst du: »Bärbel hätte doch noch so viel Gutes tun und bewirken können«, bedeutet dies: »Ich könnte noch so viel Gutes bewirken und tun.« Findest du einen Satz von dir, der lautet: »Bärbel ist gescheitert«, sagst du dir innerlich doch immer nur die eigene Wahrheit: »Ich bin gescheitert.«

Der Weg ihrer Krankheit war sicher ihr ureigenster Weg, den sie sich als Seele ausgesucht hatte. Wer will schon von uns wissen, welchen »Wunsch« ihre Seele hatte?

Für mich war die Zeit ihrer Krankheit ein Akzeptieren, ein Lernen, Dankbarkeit zu entwickeln für das, was wir zehn Jahre gemeinsam teilen und leben durften. Statt mich manchmal in diesen Jahren zu ärgern über ihre Macken und Fehler, hätte ich rückblickend öfter ganz Ja zu ihr sagen sollen. Heute wäre ich froh, wären ihre Macken und Fehler noch da, denn dann wäre sie auch noch da. Als Ganzes. Als Gesamtkunstwerk. Mit all ihren guten Seiten, Stärken und Begabungen. Ihre Krankheit hat uns beide noch enger zusammengeführt, jeden von uns auf seine Weise.

Warum bist du gegangen

Warum bist du gegangen
du warst mir grad so nah
kaum hatte angefangen
dass Liebe ganz geschah.

So spür ich jetzt die Schmerzen
und sag ganz Ja zu dir
und find dich ganz im Herzen
nun bist du stets bei mir.

Statt ganz das Ja zu wagen
war oft auch Nein in mir
und statt jetzt auch zu klagen
bin ich nun dankbar dir.

Ich sag jetzt Ja für alles
was war und ist und wird
am Grund des tiefen Falles
wird ganz mein Ich entwirrt.

Und trifft drum dich im Herzen
das Nein hat mich entfernt
von dir und erst durch Schmerzen
hab Liebe ich gelernt.

30.10.10 Manfred Mohr

Viele Freunde haben mir nach dem Lesen dieses Gedichts berichtet, sich nun wieder mehr auf ihre Partnerschaft zu besinnen und auch mehr Freude aneinander zu finden.

Der Prozess von Bärbels Krankheit hat mir gezeigt, letztlich dreht sich alles nur um die Liebe, um das Annehmen und die Akzeptanz des anderen, so, wie sie oder er auch immer ist. Darum würde ich unsere beiden letzten Bücher als eine Art Antwort interpretieren wollen, warum sie gegangen ist. Nicht aus Zufall sind sie vor Bärbels Tod entstanden. Unser letztes Buch heißt »Das Wunder der Selbstliebe«. Wenn sich Selbstliebe entwickelt, dann öffnen sich die Türen des Universums wie von selbst. Dann funktionieren auch die Bestellungen. Beziehungsweise, wenn die Selbstliebe wächst, dann wächst auch die Liebe zu den anderen Menschen, der Umwelt und der ganzen Welt. Und wenn ich alles zu lieben lerne, bestelle ich sozusagen automatisch immerzu das Beste für mich und andere.

Mein letztes Buch heißt »Die 5 Tore zum Herzen« und handelt von der Öffnung des Herzens. Fünf Ebenen des Herzens werden beschrieben, die mit Bewusstsein, Mitgefühl, Heilung, Erfülltheit und Bestimmung zusammenhängen und die sich bei der Entwicklung von Selbstliebe immer mehr zeigen. So schmerzhaft auch Bärbels Krankheit und Weg ist, ganz sicher war er für mich das Mittel, mein Herz für sie immer mehr zu öffnen.

Vielleicht soll uns ihr Tod auch verdeutlichen, dass wir mehr sind als nur unser menschlicher Körper. Heilung muss sich nicht unbedingt in Form eines gesunden Körpers äußern. Heilung kann auch bedeuten, den Sinn des Erdenlebens erfüllt zu haben. Vielleicht bedeutet der Tod ja auch, bereit zu sein für den nächsten Schritt. Unabhängig vom Alter.

Ein guter Freund von uns erlebte ein sehr ähnlich schmerzhaftes Erlebnis vor vier Jahren, als sein sechsjähriger Sohn bei einem Autounfall verstarb. Auch er haderte mit seinem Schicksal, warum dies geschehen musste. Auf der Suche nach Antworten fand er eine, die ihm wirklich Trost spenden konnte. Sie lautete: »Dein Sohn hat sich dieses Erdenleben ausgesucht, um die Erfahrung zu machen, voll und ganz angenommen und geliebt zu sein. Diese Erfahrung habt ihr als Eltern ihm geschenkt. Damit war der Zweck seines Erdenlebens erfüllt, und die Seele wollte weiterziehen.«

Ein Buch, das mir sehr geholfen hat in den Monaten der Trauer, ist zum Bestseller geworden: »4 minus 3« von Barbara Pachl-Eberhard. Hier möchte ich es empfehlen. Es gibt sicher nur wenige Bücher, die so offen und erlebbar das Thema Trauer behandeln. Es hat auch mich sehr berührt. Pachl-Eberhard beschreibt, wie sie während und nach dem Tod ihrer Familie ihren Mann und ihre Kinder als »Wesen« spürte und wahrnahm und mit ihnen regelrecht kommunizieren konnte. Als sie beispielsweise ihren neuen Lebenspartner kennenlernte, bekam sie vorher ein »Okay« von ihrem verstorbenen Mann. Diese Erfahrung kann ich ebenso bestätigen. Bärbel ist auch für mich noch da. Spürbar und präsent. Und dies spendet mir sehr viel Trost.

Jemand erzählte mir eine Geschichte des französischen Schriftstellers Honoré de Balzac. Als sein Vater starb, war auch Honoré sehr traurig. Sein Vater nahm ihn an der Hand und sagte: »Mein Sohn, du musst nicht traurig sein. Von dort aus, wo ich hingehen werde, kann ich viel mehr für dich tun als hier auf der Erde.«

Viele Menschen setzen sich durch Bärbels Fortgehen mit dem Thema Tod auseinander. Denn es geht ja uns alle an. Der Tod macht uns unmissverständlich klar, dass wir alle sterblich sind. Unsere Spanne auf diesem Planeten ist nun mal begrenzt. Denn wir sind alle Menschen und wir alle wissen nicht, welchen Zeitraum uns der Himmel hier unten schenken wird.

Irgendwann werden wir alle einmal diese schöne Welt verlassen. Den Tod in unser Leben zu integrieren ist die vielleicht größte Herausforderung, die sich uns allen stellt. Und schließlich schenkt uns diese Auseinandersetzung ganz bestimmt die Demut, uns vor der Kraft zu verbeugen, die sich durch uns äußern kann und von der das Bestellen nur eine winzige Facette darstellt: die Schöpfung selbst. Die Bärbel immer nur »das Universum« nannte und dessen aktiver Teil wir alle sind.

Die Kunst der Leichtigkeit

Der Tod eines nahestehenden Menschen konfrontiert uns immer auch mit der eigenen Thematik des Todes. »Tränen um den anderen weinst du eigentlich immer um dich selbst«, erzählte mir jemand. Bärbel war für viele ihrer Leser zur Freundin geworden. »Bärbel ist mir so ähnlich. Sie ist wie ich«, diese Sätze verschmelzen rasch zu dem Satz »Ich bin Bärbel«, sodass eine riesengroße Gefahr der Projektion eigener Themen entsteht. Und darum bleibe immer schön bei dir. Was bedeutet ihr Tod für dich ganz persönlich?

23
Ein paar Gedanken zum Schluss

Jede Seele eines Menschen ist ganz, so, wie die eines neugeborenen Kindes. Genauso ist der Himmel hinter den Wolken immer blau. (Die Wolken stehen hier stellvertretend für kleine Probleme oder große Neurosen.) Denkst du negativ über dich selbst und deine Fähigkeiten, dann machst du dich selbst klein und empfindest dich als überflüssig. Wegen der Wolken siehst du dann den blauen Himmel deiner Seele nicht mehr. Aber sei gewiss – er ist noch da, nichtsdestotrotz.

Bärbel

*D*er blaue Himmel ist noch da. Die Sonne scheint noch immer. Obwohl Bärbel als Mensch nicht mehr unter uns ist.

Auf einer der vielen Beileidskarten, die ich anlässlich ihres Todes erhielt, steht der schöne Satz von Khalil Gibran: »Möglicherweise ist ein Begräbnis unter Menschen ein Freudenfest im Himmel.« Hoffen wir es für sie und uns.

Bärbel beschreibt ihre »Bestellungen beim Universum« nur als eine andere Art und Weise, mit der Schöpfung selbst in Kontakt zu treten, um zu entdecken: »Ich bin Erschaffer meiner Welt. Ich kann mein Leben verändern. Ich kann positiven Einfluss nehmen auf die Umstände, in denen ich lebe.« Dabei ist es mit dem Erfolg einer Bestellung völlig paradox: Je mehr ich mit dem zufrieden bin, was ist, umso besser funktionieren meine Bestellungen. Oder, um ein letztes Zitat von Bärbel zu geben:

»In der Fernsehsendung ›Wer wird Millionär‹ sagte einer der Gewinner, dass er die Million gar nicht gebraucht hätte, um glücklich zu sein. Es wäre ja schließlich nur Geld, wenn auch ziemlich viel davon …

Tja, hört sich nach ziemlich hoher Schwingung an. Bei solchen Menschen ist es kein Wunder, wenn sie auf ungewöhnliche Weise beschenkt werden.«

So geht es nun, in der neuen Zeit, für uns vor allem darum, die Bestellungen als Ausdruck einer Kraft in uns zu entdecken, die immer wirksam ist. Beim aktiven Bestellen machen wir uns das eigentlich nur bewusst. Wer Selbstliebe entwickelt, Herzöffnung betreibt, Dankbarkeit und Annahme kultiviert, Vergebung praktiziert – der ist auf dem besten Weg, ein wunderbarer Mensch zu werden. Bei dem auch die Bestellungen ganz wie von selbst funktionieren.

Möge es so sein.
In Verbundenheit
Manfred Mohr

Anhang 1

Ein letztes Interview zum Bestellen

Das folgende Interview mit Bärbel wurde in Auszügen bereits in der Berliner Zeitschrift »Sein« im Dezember 2009 veröffentlicht:

Stell dir vor, das Universum könnte man interviewen. Was würdest du fragen? Was könnte es antworten? Meine Fragen und Antworten sind NUR die Antworten, die in MIR aufkommen oder die sich in meinem Leben für mich ergeben haben, wenn ich frage oder gefragt habe. Sie sollen dir als Anregung dienen und dich einladen, eigene Fragen zu stellen und nach innen zu horchen, welche Antworten sich für dich stimmig anfühlen.

Wenn bei manchen Menschen das Wünschen trotz ganz genauer Befolgung der Anweisungen nicht klappt: Kann es daran liegen, dass sich in ihnen – selbstdestruktive – Muster befinden, die die Erfüllung der Wünsche behindern? Und wenn ja: Wie kann man sie identifizieren und auflösen?

BM: Seit circa drei Jahren arbeiten mein Mann und ich in solchen Fällen mit der Technik des Hoppens. Beim Hoppen geht es darum, dass man das Außen im Innen heilt. Ich frage mich hierbei, womit ich mir diese Situation erschaffen habe (auch beispielsweise die Verhinderung meiner Wünsche), und das, was immer ich finde, nehme ich in mein Herz und liebe

mich selbst mit allem, was ich da finde (genauere Infos und Anleitung gratis siehe www.cosmic-ordering.de).

Dieses kleine Heilritual versöhnt mich mit meinen eigenen Schöpfungen. Und es führt dazu, dass die in mir vermehrt fließende Liebe auch im Außen beginnt, neue Form anzunehmen und so mein Leben zu verändern. Ich weiß nicht, wie, aber ich weiß, dass dieses Mehr an Liebe Veränderungen hervorruft, die ebenfalls mehr Liebe in sich tragen. Und von diesen kann ich mich positiv überraschen lassen.

Ein erfüllter Wunsch ist wunderbar. Aber behindern wir uns nicht letztlich mit dem Wünschen ans Universum selbst? Ist es nicht eher ein Ziel, sich dem Leben wunschlos hingeben zu können, wie das beispielsweise auch die Bhagavad Gita und alle Weisen dieser Welt fordern? Ist nicht auch das Leben gigantisch viel größer, intelligenter und weiser als jeder Wunsch unseres Ichs und weiß viel besser als wir, was wir wirklich brauchen – auch wenn wir das oft anders sehen?

BM: Wir müssen das Leben nehmen, wie es ist, aber nicht so lassen, wie es ist. Vieles im Leben ist paradox, und mit dem Wünschen ist es genauso: Je glücklicher jemand sein kann mit dem, was ist, desto schneller erfüllen sich auftauchende Wünsche. Warum? Neh-

men wir nur ein Beispiel der aktuellen Gehirnforschung: Der über die Spiegelneuronen laufende Teil der Intuition setzt völlig aus, wenn man unglücklich, gestresst, ärgerlich oder ängstlich ist. Der Glückliche hingegen hat eine perfekte innere Navigation. Der Volksmund wusste das auch schon, indem er formulierte: Der Herr gibt es den Seinen. Der Herr erfüllt die Wünsche all derer, die sich an seiner Schöpfung freuen – egal, was kommt.

Nehmen wir ein einfaches Beispiel aus dem Alltag: Jemand läuft mit meist ausdruckslosem Gesicht herum (bestenfalls, wenn nicht gar mit hängenden Mundwinkeln) und sieht in jedem Menschen als Erstes dessen Fehler und Schwächen. Und er wünscht sich fröhliche Menschen um sich herum und echte Freunde. Da kann er lange wünschen, für diese Prognose braucht man keinen Erleuchteten.

Nehmen wir an, derjenige studiert die indischen Weisen und legt sich eine größere Gelassenheit zu. Er kann anderen ihre Schwächen lassen und sich ihren Eigenarten hingeben, wie sie sind. Er lernt, trotzdem die Schönheit in diesem Menschen zu sehen. Auf einmal wächst ein kleiner Samen von innerem Lächeln in ihm und beginnt, sich auf seinen Gesichtszügen und in seinem Umgang mit anderen Menschen widerzuspiegeln. Egal, ob er den Wunsch von damals überhaupt noch in Erinnerung hat, mit so einer versöhnlich-liebevollen Haltung anderen Menschen gegenüber werden sich automatisch andere fröhliche

Menschen wohlfühlen, und viele Menschen werden den Wunsch verspüren, mit ihm befreundet zu sein.

Das Leben als solches reagiert in dieser Hinsicht sehr menschlich. Wenn man es liebt, wie es ist, wird es zum Freund. Wenn man an ihm herumnörgelt, wird es zum Gegner. Insofern haben die ganzen Weisen sehr recht: Das Leben zu lieben, wie es ist, ist in jeder Hinsicht das Klügste, was man überhaupt tun kann.

Wenn ich anfange, beim Universum zu bestellen, und feststelle, da ist wer, der zuhört und der mir antwortet und liefert, dann bin ich (vielleicht nicht jeder, aber ich halt) hoch motiviert, dies zu perfektionieren und mich innerlich so lange zu reinigen, zu stabilisieren und weiterzuentwickeln, bis der Spiegel der äußeren Umstände in der Tat nur noch ein individuell glückliches und erfülltes Leben zeigt.

Dann kann ich aufhören, »Einzelbestellungen« aufzugeben und täglich etwas Neues zu wollen. Dann arbeite ich an meiner inneren Schönheit und freue mich über die äußere Schönheit, die ich geliefert bekomme. Dann werden nämlich auf einmal die Überraschungen, die das Leben liefert, viel besser als alles, was ich mir ausdenken kann.

Und dann kommt natürlich noch der Punkt dazu, dass das Universum umso weniger liefern kann, je zwanghafter und verkrampfter mein Ego irgendetwas will. Vielleicht meinen die spirituellen Meister auch hauptsächlich diesen Aspekt. Denn fast alles, *was ich mir aus Freude am Leben vorstelle und wünsche, das wird per Express geliefert. Einfach weil ich dann am meisten verbunden bin mit der Alleinheit und sie Freude daran hat, mir zu geben, was mich erfreut. Dabei wird ganz klar niemals alles möglich sein, aber immer ein Tausendfaches von dem, was ich erreichen kann, wenn ich mich nur auf den Verstand verlasse und mich innerlich von der universellen Quelle abschneide, weil ich nicht daran glaube.*

Wäre reines Sein zu üben nicht trotzdem irgendwie spiritueller als das viele Tun?

BM: Ansichtssache und vielleicht ist wie so oft beides ein bisschen wahr. Der Sinn der »Reinen Sein«-Übung liegt wohl darin, den Weg zum universellen Bewusstsein wieder zurückzufinden.

Die Theorie ist, dass man umso weiter von Gott oder dem göttlichen, universellen Bewusstsein weg ist, je mehr man in irdische Belange verstrickt ist. Wer also auf der Erde nichts mehr will und an einen Ort der inneren Stille geht, den zieht es energetisch automatisch wieder mehr zu Gott, denn die Energie folgt der Aufmerksamkeit.

Außerdem holt natürlich so jemand auch etwas von der göttlichen Energie über seinen Körper auf die Erde und trägt so dazu bei, dass sie sich hier ausbreiten kann.

Da man aber auf der Erde vieles leben kann, was im universellen Sinne gleich gut ist, ist es, denke ich, auch gut, sowohl spirituell als auch aktiv zu sein und sehr wohl eine ganze Menge zu wollen. Ich finde ein Leben ausgewogen, in dem es Momente der inneren Stille und Ruhe und des reinen Seins gibt (z. B. bei Ausflügen in die Natur) und das trotzdem aktiv gelebt wird.

Zu meiner Freude teilt Neale Donald Walsch, der Autor der »Gespräche mit Gott«, diese Sichtweise. Damit sind wir schon zwei. Ich habe ihn bei einem Vortrag auf dem Oneness-Gathering erlebt.

Neale meinte, er sei sicher, alle Anwesenden wären sich der Existenz eines Gottes in der einen oder anderen Form (einer Alleinheit, eines kosmischen Bewusstseins etc.) bewusst. Die Frage wäre nun, was wir mit diesem Wissen anfangen würden. Einfach nur zu sein, abzuhängen mit diesem Wissen und sich durch die Nächte zu Om-en wäre sicherlich einerseits schon cool. Aber ob es nicht vielleicht andererseits doch mehr Liebe zum Leben bedeuten würde, wenn wir zu spirituellen Aktivisten und unser Wissen aktiv mit der Welt teilen würden?

Er jedenfalls bevorzuge Letzteres. Nach dem 11. September 2001 hatte er mal wieder eine seiner inzwischen schon weltbekannten Beschwerden an Gott gesandt. Das könne doch wohl nicht sein, dass man nichts dagegen unternehmen könne. »Geh zurück zu Buch eins, Kapitel eins«, war die ermun-

ternde Antwort von innen oben = Gott. Dort fand Neale die immer noch gültige und wichtigste Botschaft von allen: Unsere Probleme kommen daher, dass wir uns getrennt fühlen von allen anderen. Würden wir uns alle als eine, zudem liebevolle Familie fühlen, gäbe es keine derartigen Probleme. Würden wir zudem die immer vorhandene Einheit von jedem von uns mit dem göttlichen Bewusstsein wahrnehmen, dann könnte nichts anderes als Frieden mehr herrschen.

Was tun? Wollen wir uns durch die Nacht Om-en und den eigenen Hintern möglichst schnell wieder hier raus und zurück in die Alleinheit Zen-en?

»Wenn wir nicht von Gott getrennt sind und es auch nie waren und nie sein werden, dann besteht kein Bedarf an einem Weg zurück oder am Sich-weg-Om-en«, frotzelt Neale weiter. Dann können wir auch aktiv zu Veränderungen hier unten im irdischen Basislager der Alleinheit beitragen und damit genauso unsere göttliche Quelle ausdrücken wie beim Om-en. Wer das irdische Leben feiert, feiert die göttliche Schöpfung. Wie kann das unspirituell sein?

Ich denke, dass Om-en durchaus auch seine Berechtigung hat, weil man damit – temporär – an Orte der inneren Stille gelangen kann. Man kann sich dort reinigen, regenerieren und dann energetisiert und erfrischt wieder in den Jahrmarkt des täglichen Lebens eintauchen.

Was schlägt Neale für die spirituellen Aktivisten unter uns vor? Auch auf die Gefahr hin, dass wir ihn für eine sehr schlichte Natur halten würden, schlägt er für den Anfang ein Drei-Punkte-Programm vor.

Punkt 1: Sieh einem Menschen in die Augen, und zwar länger als nur zwei Sekunden. Sieh hin mit der Absicht, das Göttliche in diesem Menschen zu entdecken.

Punkt 2: Nachdem du Punkt 1 durchgeführt hast, lächle. Und nach Punkt 1 und 2 fügst du noch Punkt 3 an, indem du etwas Positives sagst.

Dies hätte den einen Sinn, verloren gegangene zwischenmenschliche Nähe und Intimität zwischen den Menschen wieder zurück in die Welt zu holen.

Kann es nicht sogar sein, dass ich mit meinen Ich-Wünschen den größeren, umfassenderen göttlichen Willen blockiere?

BM: Es gibt Menschen in der Eso-Szene, die Wünsche als etwas geradezu Unanständiges ansehen. Sie sind ganz darauf fixiert, dem »göttlichen Willen« zu überlassen, was kommt, um sich diesem dann hinzugeben.

Sie vergessen dabei – aus meiner Sicht –, dass sie selbst ja auch Teil dieser göttlichen Schöpfung sind. Und wenn sie den Impuls »Ich will nix« in die Welt hinausgeben, kommt – nix. Viele dieser Menschen scheinen chronische finanzielle Schwierigkeiten zu haben und nichts bleibt ihnen. Warum: Sie sind zu unverbindlich dem Leben und anderen Menschen gegenüber. Sie wollen sich auf nichts festlegen, um den vermeintlichen Willen Gottes nicht zu verpassen.

Problem dabei: Die meisten Menschen gehen ungern eine Liebesbeziehung ein mit jemandem, der sehr unverbindlich ist und sich nicht für mehr als eine Stunde festlegen möchte. Mit so jemandem möchte kaum jemand leben. Und so werden diese Menschen verlassen. Aber nicht nur vom potenziellen Partner, sondern auch von allem anderen, was konkret ist, denn sie haben sich ja für das Unkonkrete entschieden. Das ist auch ein Wunsch, und es ist eine Entscheidung. Aus meiner Sicht können wir gar nicht nicht wünschen. Mit nix was am Hut haben zu wollen ist auch ein Wunsch, und er manifestiert sich.

Aber na klar: Wenn ich ein Konsum-Junkie bin und einen Angst- und Statuswunsch nach dem anderen rausjage, dann bin ich natürlich weitestmöglich entfernt von meinem höchsten Potenzial.

Ich sehe das Ich des Menschen als göttlich an. Aber es hat zwei Seiten: ein höchstes Potenzial und ein niedriges und tausend Möglichkeiten dazwischen. Wer im Zustand von Liebe und Versöhnung wünscht, der drückt aus meiner Sicht damit ganz genau den göttlichen Willen aus. Dazu gehört auch, das Leben zu genießen und es in all seiner Schönheit zu feiern. Aus echter Freude und Dankbarkeit heraus.

Wer im Zustand von Mangel, Ärger und Frust wünscht, mit einem Gefühl von »Jetzt will ich auch mal, ich will es allen zeigen, ich bin beleidigt, ich arme Sau etc.«, der erntet leider auch nur die Energie, die er dabei aussendet.

Der Spruch »Wir ernten, was wir säen« gilt auch oder vor allem energetisch. Wir ernten im Außen das, was wir innerlich säen.

Der göttliche Wille ist unter anderem dieses Gesetz. Wir wählen in jedem Moment neu, ob wir uns dabei an unserem höchsten oder niedrigsten Potenzial orientieren.

Thema Hingabe und Loslassen: Auch bei dir steht, dass ein Teil der effektiven Wunscherfüllung darin besteht, den Wunsch loszulassen. Ist das nicht auch nur ein cleverer Trick des Ego, eine Methode, um den Wunsch letztlich doch erfüllt zu bekommen – was ja auch dann kein wirkliches Loslassen ist?

BM: Das ist, glaube ich, schon recht umfassend beantwortet mit den bisherigen Antworten. Loslassen heißt: mein Glück nicht abhängig zu machen von der Erfüllung des Wunsches. Wenn ich im Modus bin von: »Nur wenn dieser Wunsch jetzt umgehend erfüllt wird, werde ich glücklich sein, also Universum, mach mal …«, dann habe ich verloren. In diesem Gefühl ist meine Intuition, meine innere Führung, bei null.

Sieh es so: Der Verstand ist der Kapitän, der entscheidet, wo es hingehen soll. Das Gefühl hingegen ist der Motor und der Treibstoff. Ohne Treibstoff komme ich nirgendwohin, und wenn ich den Rückwärtsgang (Angst, Sorge usw.) drin habe, muss ich einmal um die Welt, bis ich von hinten am Ziel ankomme ... Loslassen muss man daher vor allem das Gefühl des panischen Klammerns an einer Vorstellung.

Ist Wunscherfüllung nicht letztlich eine Ablenkung vom Weg zu unserer Wahrheit – ähnlich wie viele spirituelle Traditionen Hellsehen und andere yogische Kräfte als Fallen auf dem Weg ansehen, weil sie schlussendlich das Ego stärken und aufblähen, anstatt uns zu helfen, unser Ich zu transzendieren?

BM: Mal ganz ketzerisch gefragt: Für was will ich denn mein Ich transzendieren? Davon habe ich doch genug, wenn ich die körperlich-irdische Ebene wieder verlasse. Ist es nicht eine Art von unfreundlicher Kritik an der Schöpfung, wenn ich es als meine größte Aufgabe ansehe, sie abzuschütteln wie lästiges Ungeziefer?

Stell dir doch mal vor, DU wärst Gott. Und jetzt kommen zwei frisch Verstorbene zu dir. Der eine jubelt und sagt: »Mei, war das Leben schön. Ich hatte viel Arbeit, aber ich habe alles mit dankbarem Herzen gemacht, ich habe gesungen und gelacht

*und mein Herz war voller Liebe für all die Schönheit
und die Liebe zu meiner Familie. Wunderbar, wann
darf ich wieder auf die Erde?« (Seltene innere Haltung hier in Deutschland, aber einige meiner Au-
pairs hatten diese Haltung.)*

*Und der andere sagt: »Ach Gott, ich habe alles
versucht, mein unwürdiges Ich zu transzendieren
und das niedere Sein abzuschütteln. Es ist mir nicht
gelungen. Wie oft muss ich noch zur Erde ...?«*

*Wer wäre dir lieber, wenn du Gott wärst? Bei wem
hättest du das Gefühl, dass er mehr Wertschätzung
für deine Schöpfung gezeigt hat?*

Mit unseren Wünschen wollen wir unser Leben, unsere Welt verändern. Meistens wünschen wir uns
materielle Dinge: eine neue Beziehung, einen besseren Job, ein schönes Haus, ein neues Auto. Die
Krux daran ist, dass wir uns damit in einen Teufels-
kreis begeben. Ein Wunsch zieht den nächsten nach
sich, das Spiel ist endlos.

Auf dieser Ebene ist echtes Glück nicht zu erlan-
gen, weil damit die Ursache nicht gesehen, sondern
nur das Symptom gehätschelt wird. Die Ursache ist:
Wir vermeiden die Realität, die Erfahrung des Lebens, wie es nun mal gerade ist.

Ist darum nicht der einzig sinnvolle Wunsch, alles
anzunehmen, wie es ist, entspannt mit jeder Situation umgehen, in Frieden und Zufriedenheit mit
allem leben zu können?

BM: Du hast recht, man kann aus dieser Motivation heraus wünschen. Das ist eine sehr kraftlose Art zu wünschen. Man kann aber auch aus Freude am Sein und am Selbstausdruck wünschen. Das ist dann eine kraftvolle Art des Wünschens.

Schon ein Baby ist begeistert, wenn es groß genug ist, seinen ersten Bauklotzturm selbst zu bauen. Der Wunsch, schöpferisch tätig zu werden, ist in jedem Menschen ganz natürlich angelegt. Schöpfen macht Freude. Es ist eine beglückende Erfahrung, Wirkungen in der materiellen Welt zu erschaffen.

Und: Man kann auch »die Realität, die Erfahrung des Lebens« vermeiden, indem man sich vor lauter Hingabe jeder Verantwortung entzieht. Nur wer nichts tut, macht keine Fehler, aber das ist vielleicht der größte Fehler von allen.

Lass mich wieder konkreter werden, denn leider denken ganz viele spirituelle Menschen ähnlich. Das sind häufig Menschen mit einem offenen Herzen, Menschen, die das Leben schützen auf allen Ebenen, Menschen, die ein gesundes Verhältnis zur Natur und allen Wesen haben. Und manche von ihnen denken: »Nicht wünschen ist gut. Nur keine Anhaftungen, ich überlasse alles dem göttlichen Willen.«

Hah, aber wem überlassen sie dann beispielsweise Erziehungswesen, Politik und Wirtschaft wirklich? Würden nicht genau da die »Hüter des Lebens«

*hingehören anstatt so viele aus blinder Gier zerstö-
rende Menschen? Ich nenne diese Art Hingabe an
die Welt nicht göttlichen Willen, sondern Unterlas-
sungssünde!*

*Oder mal andersherum gefragt: Wer lebt mehr
vom göttlichen Willen: einer, der in der Höhle sitzt
und meditierend sein Ich transzendiert, oder einer,
der in Wirtschaftsvorständen sitzt und sich von seiner inneren Führung leiten lässt, wie er dort Gier
und Angst transzendieren kann, damit mehr Ein-
heitsbewusstsein und Schutz von Mensch und Natur
sich in Politik und Wirtschaft ausdrücken können?*

*Nur wer nichts tut, macht dabei keine Fehler. Au-
ßer eben dem einen großen, sich am realen Leben
nicht zu beteiligen. Am Ende des Lebens kann man
sich dann sagen: »Ja gut, die Welt zerstört sich grad
selbst. Nein, ich habe nichts dazu beigetragen, dies
zu ändern. Ich habe geübt, wunschlos glücklich zu
sein ...«*

*Vielleicht liegt es ja an mir, dass ich da was nicht
begreife, das kann auch sein. Aber ich habe noch
viele Wünsche an diese Welt. Einige davon kann man
in »Große Krise – große Chance. Neue Lösungen für
eine neue Welt« nachlesen, das Oktober 2009 erschienen ist. Ein Wunsch jedenfalls wäre der, dass
sich mehr Menschen mit Herz in Politik und Wirtschaft trauen und diesen beiden Disziplinen mit vielen guten Wünschen und innerlich geführten Taten
zu einem neuen Gesicht verhelfen.*

Aber keine Sorge, ich provoziere gerade auch ein bisschen. Denn wer an der Entwicklung seiner Persönlichkeit arbeitet, um innere Qualitäten zu entwickeln und persönliche Kraft, Stabilität, Selbstliebe, der trägt auch etwas zu einer besseren Welt bei. Denn er gibt ja zu jeder Sekunde diese gereinigten Energien mit ins Gesamtbewusstsein ein.

Fazit: Man kann gar nichts falsch machen. Alles ist gut. Und ob man wünschen will oder nicht, bleibt ganz dem persönlichen Geschmack überlassen. Auf keinen Fall braucht man sich Sorgen zu machen, dass die Welt an zu vielen oberflächlichen Wünschen zugrunde geht. Denn dauerhaft erfolgreich kann man beim Wünschen nur sein, wenn man in Kontakt zur Quelle in sich tritt. Und aus dieser tritt auf die Dauer automatisch eine andere Art von Wünschen hervor: Friede, Fülle, Glück für alle, Schutz für die Natur und alle Wesen. Ich finde, von dieser Art Wünschen können wir gar nicht genug auf der Welt haben.

Wieso liefert das Universum nie so, wie ich mir das vorstelle? Warum kommt die Lieferung fast immer von völlig unvermuteter Stelle?

Und was mache ich, wenn ich noch Lieferungen ausstehen habe und nirgendwo ein Zeichen sehe, dass sich was verändert?

BM: Leben und lebendig sein, sich inspiriert und wach fühlen bedeutet, neugierig auf das Leben zu sein, wie ein kleines Kind Interesse zu haben an allem, was auftaucht. Und nur wenn wir wach sind, kann das Universum uns leiten. Wer schläft, der kriegt nichts mit, also muss das Universum uns mit ein paar Überraschungen immer wieder wach halten.

Neulich habe ich einen jungen Mann, der gerade sein Studium begonnen hat, gefragt, ob es ihm Spaß mache. Er hat mit einer dumpf gelangweilten Miene, leicht spöttisch sogar, die Schultern gezuckt und geantwortet: »Was soll da groß Spaß machen (er studiert Jura)? Man muss sich halt mit irgendwas die Zukunft sichern.«

Eine großartige Zukunft als ferngesteuerte Unterhose können wir ihm heute schon voraussagen, wenn nicht irgendwann ein gewaltiges Umdenken einsetzt.

Wenn du beim Universum bestellst, bestellst du beim Leben und nicht beim Tod. Das heißt, das Leben, insofern es Leben ist, KANN nur unerwartet liefern und es kann außerdem dauerhaft nur liefern, wenn du noch neugierig bist und bereit, Neues auszuprobieren. Wie eine altbekannte Weisheit besagt: »Wer immer in den alten Bahnen tritt, kann nicht erwarten, auf neue Wege oder an neue Ziele zu gelangen.«

Du könntest dich daher an den unerwarteten Wegen des Universums freuen und neugierig sein, was das Leben sich wieder unerwartet Schönes ausdenken wird!

Aus genau dem Grund lässt es uns auch manchmal zappeln. Wenn du nur bestellt hast, um dich in deinen alten Gewohnheiten festzuzementieren (so, wie in dem einen Leserbeispiel: »Liebes Universum, mach, dass mein längst veraltetes und unzeitgemäßes Unternehmen trotzdem, so, wie es ist, ganz viel Gewinn abwirft ...«*), dann kann es nicht liefern, weil es dir dein Recht auf Leben damit nehmen würde.*

Kümmere du dich um deine Lebendigkeit, dann kümmert sich das Universum um den Rest.

Okay, haben wir kapiert – vielleicht. Aber wie überbrücke ich dann die Wartezeit? Wie werde ich lebendiger? Dies ist ein weites Feld, und ihm ist ein ganzes Kapitel gewidmet. Es heißt »Wie verbessere ich stressfrei und ohne Druck meine inneren Qualitäten und hebe meine Schwingung an?«*.*

Gibt es einen Zustand nach den vielen Klein- und Großbestellungen? Wie bestellt ein fortgeschrittener Universumbesteller? Was ändert sich möglicherweise und was kann und darf immer bleiben?

BM: *Wer sich innerlich von einem Großteil alter Ängste und begrenzender Gedankenmuster gelöst hat, der kann die Bestellungen auf Automatik laufen lassen. Denn unsere inneren Zustände sind wie eine unbewusste Bestellung derselben Qualität im Außen. Wenn die innere Qualität hoch ist, werden auch die äußeren Qualitäten hoch sein, und ich kann mich ganz den positiven Überraschungen hingeben. Dann lässt sich das Universum von allein bessere Dinge einfallen, als ich mir mit dem bloßen Verstand je ausdenken könnte.*

Es gibt in diesem Zustand des inneren Gereinigtseins zwei Möglichkeiten: Die einen konzentrieren sich einfach auf das reine Sein und lassen auf sich zukommen, was sich gerade ergibt, ohne viel Eigeninitiative. Sie sehen ihre Aufgabe im Sehen, Beobachten und Schätzen der Schöpfung in allem, was kommt.

Die anderen stellen hocherfreut fest, dass ihre Gedankenkraft zunehmend stärker wird, und sie steigen auf neue Weise in den Prozess des Mitschöpfertums ein. Sie gestalten vermehrt ihr Umfeld für sich und andere auf konstruktive Weise und so, dass es zum Wohle aller ist.

Ein Mensch mit viel innerem Chaos hat natürlich auch wenig Umsetzungskraft im Außen. Innerlich geordnete Menschen entwickeln eine ganz andere

Kraft, und je höher die innere Ordnung ist, desto mehr Verwirklichungskraft entsteht. Solche Menschen können dann viel leichter mit an einer neuen Welt bauen. Und zwar auf eine Art, bei der man nicht anderen etwas wegnimmt, um es dann bei sich selbst zu horten, sondern auf eine Art, bei der man kreativ neuen Reichtum für alle schafft. Dass man das nicht im inneren Chaos kann, ist eigentlich sonnenklar.

Wo sind die Grenzen für Bestellungen beim Universum? Können sich diese Grenzen denn mit dem Fortschreiten der menschlichen Entwicklung verändern?

BM: Die Grenzen sind unsere individuellen und gesellschaftlichen Glaubenssätze und Denkmuster. Wenn die sich im Großen lockern, wird auch für den Einzelnen noch mal mehr möglich. Umgekehrt: Je mehr Einzelpersonen ihre Denkmuster ändern, desto mehr schwappt dies auch aufs große Ganze über.

Die Grenzen hierbei haben sich bereits verändert. Schauen wir 20 bis 30 Jahre zurück: Wer hielt es damals für möglich, dass die Naturheilkunde viel bewirken kann? Heute haben mitunter Mediziner ohne jegliche naturheilkundliche Zusatzausbildungen nur noch leere Praxen, weil die menschliche Entwicklung bereits an dem Punkt ist, ein paar mehr Kräfte der

Natur als noch vor 30 Jahren anzuerkennen und auch ganz konkret erfahren zu haben.

Manchmal scheint das Universum ja ein rechter Schelm zu sein. Es liefert zwar, was ich bestelle, aber irgendwie ist es doch nicht das, was ich möchte. Warum passiert so etwas?

BM: Der Kreativmaler Paulus Mayer aus Fürstenfeldbruck (malt Häuser harmonisch bunt von innen und außen) sagt dazu nach entsprechenden eigenen Erfahrungen: »Wenn ich Fülle bestelle und an die Fülle nicht glaube, dann bekomme ich Fülle ohne Fülle.«

Was in aller Welt meint er damit?

Als er mal fand, dass seine Auftragslage besser sein könnte, bestellte er, dass er der Ratgeber Nummer eins in Sachen Farbgestaltung bei Innenräumen in seiner Heimatumgebung werden solle. Das kam sofort: Hochgestellte Persönlichkeiten aus der lokalen Politik und Wirtschaft kamen auf ihn zu und holten seinen Rat für große Projekte ein – vergaben dann allerdings die Aufträge anderweitig.

Das ist Fülle ohne Fülle! Das Universum hatte geliefert, aber nicht so, wie er sich das gedacht hatte.

Also flugs umgedacht, ein bisschen die innere Schwingung überprüft, und es kamen Aufträge von anderer Seite wie quasi zum Ausgleich.

Da hilft nur eine gewisse innere Zen-Haltung,

glücklich zu sein und dankbar für das Leben allgemein trotz widriger Umstände und alles nicht so wichtig zu nehmen. Das ist der erste Schritt, um innerlich zu entspannen.

Wer dann – im entspannten Zustand – darauf beharrt, gehört zu werden und auch die universelle Stimme zu hören, dessen innere Telefondrähte ins Universum werden langsam, aber sicher immer freier werden. Es ist das natürliche Bestreben jeden Seins, sich mit der universellen Quelle wieder zu verbinden, und wenn man sich erst einmal auf den Weg macht, dann wird die vom Universum kommende Energieflut immer und immer stärker. Bis irgendwann der Staudamm gebrochen ist und die Energietore wieder vollständig geöffnet sind.

Wieso ich mir da so sicher bin? Wie komme ich auf diese für manche Ohren einfältig klingende Idee?

Irgendwo habe ich mal gelesen: »Für den, der die Alleinheit innerlich fühlt und an sie glaubt, sind keine Worte nötig, für den, der nichts fühlt und nichts glaubt, reichen alle Worte nicht aus.«

Die Sufis formulieren ganz ähnlich: »Mach Gott zu deiner Realität, und er wird Realität! Glaube nicht an Gott, und es gibt ihn nicht!«

Genau deswegen führt jeder Streit zwischen Gelehrten über dieses Thema immer in die Irre, da ihre Basisrealitäten nicht übereinstimmen.

Es hat daher auch beim Bestellen keinen Sinn, etwas beweisen zu wollen oder für Skeptiker zu schreiben. Ob Energietore sich öffnen oder nicht, kann man erfahren, aber nicht beweisen oder genau erklären.

Wenn ich immer wieder in vielen meiner Bücher Zeichen und Belege für die Existenz des universellen Geistes zusammentrage, dann ist das vorwiegend für meinen eigenen Verstand gut, hin und wieder solche »Beruhigungstabletten« zu bekommen, wenn ich mal wieder besonders stark gegen den Strom der Allgemeinheit schwimme.

Es muss jeder selbst entscheiden, wie er sein Weltbild gestaltet.

Ist nicht das ganze Wünschen ein Durchgangsstadium, damit wir sehen, dass wir letztlich auch damit nicht wirklich glücklich werden?

BM: Da würde ich gern mit Mark Twain antworten: »Trenne dich nie von deinen Träumen (= Wünschen). Wenn sie verschwunden sind, wirst du weiterexistieren, aber aufgehört haben zu leben«.

Die Weisen und Erleuchteten sagen, dass wir eins sind mit dem Universum. Wenn wir aber das Universum sind – es keine Trennung gibt –, ist da auch niemand, bei dem ich bestellen kann, oder?

BM: Stimmt. Letztlich ist das Bestellen nur ein Trick, um an die eigene Schöpferkraft zu gelangen. Ich bestelle, gebe ein Bild ab von dem, was ich erreichen möchte, und dann öffne ich mich für den Energiefluss mit der Alleinheit, und damit steht mir das gesamte, universell verfügbare Wissen zur Verfügung. Wenn ich mich ängstlich in mein Ego verkrieche, reißt der Energiefluss ab, und ich lebe leider nicht mein volles Potenzial.

Anhang 2

Warum die Geschichte »Rabenvater-schnullerbefestigungs-anlage« heißt

*N*achdem in dieses Buch viele Texte aus der bisher unveröffentlichten Rabenvater-Geschichte eingeflossen sind, fragen sich sicher viele von euch, wo zum Kuckuck kommt denn dieser komische Titel her? Um euch keine schlaflosen Nächte zu bereiten, will ich dieses Rätsel hier ganz am Schluss gern auflösen. (Außerdem bekommt dieses Büchlein dann einen Schluss voller »Leichtigkeit«, und das hätte Bärbel sich sicher auch gewünscht.)

Die Zwillinge erzählen also noch einmal weiter:

»Heute Nachmittag hat Mama unserem Papa aber wirklich ständig die Laune verdorben. Es fing damit an, dass Papa Felicitas in einen Sessel gesetzt hat und mit ihr erzählte. Sie saß etwas zusammengesunken und mit ziemlich viel Doppelkinn, dafür aber mit einem sehr gewichtigen Ausdruck da. Als sie dann auch noch die Hände faltete und guckte, als wäre sie kurz davor, eine Ansprache während einer Parlamentsdebatte zu halten, redete Papa sie nur noch mit Herr Genscher an: ›Herr Genscher, was möchten Sie uns mitteilen zur gegenwärtigen politischen Lage?‹ Herr Genscher (alias Felicitas) fing auch pflichtbewusst an, einige wichtige Dinge vor sich hin zu plappern. Dass es wichtige Dinge waren, konnte man an ihrem Ausdruck erkennen. Weil sie zwar sehr viel sagte, aber niemand so

recht den Sinn verstand, war es also ganz genau wie im Parlament. ›Vielen Dank, Herr Genscher, für Ihre aufschlussreichen Ausführungen‹, sagte Papa dann wieder.

Das war der Punkt, an dem Mama sich schmollend einmischte. Sie fand die Anrede ›Herr Genscher‹ für ein Mädchen gar nicht schön und ärgerte sich. Papa fand Herr Genscher super und setzte die politischen Debatten fort. Mama fand dann, dass es nicht gut für Herrn Genscher – äh, für Felicitas – sein könne, wenn sie so lange so zusammengesunken dasitze. Sie sei noch zu klein zum Sitzen. Sie sitzt aber gerne, konterte Papa, und das stimmt. Wenn man uns immer nur hinlegt, wird es uns inzwischen viel zu langweilig. Sitzend hat man einfach mehr Überblick. Außerdem hatte Herr Genscher – äh, Felicitas – wirklich Spaß an der Parlamentsdebatte. Überhaupt haben wir heute beschlossen, dass wir beide Familienminister werden. Politische Debatten liegen uns, finden wir.

Auf Mamas Gequengel hin wurde Herr Genscher dann aber doch wieder hingelegt und ein Spielgestell über ihn beziehungsweise sie gestellt.

Fünfzehn Minuten später fing Mama schon wieder an zu schimpfen. Papa findet es immer ziemlich nervig, wenn wir zwar einen Schnuller wollen, ihn dann aber doch dauernd ausspucken. Unsere Eltern finden sowieso beide, wir sollten nicht dauernd Schnuller lutschen. Unsere Kinderärztin hat nämlich gesagt, dass damit eine Gehirnstimulation unterbunden wird, die wichtig für die Entwicklung von uns Babys ist. Wenn ein Kind mit der Zunge an den Gaumen käme, würde dadurch ein Reiz ans Gehirn weitergeleitet, und der fehlt, wenn man dauernd Schnuller lutscht.

Wahrscheinlich deswegen haben wir es beide noch immer nicht so ganz gecheckt, wie man den Schnuller im Mund behält, und spucken ihn dauernd aus Versehen aus. Es gibt zwar solche bunten Kettchen, bei denen das eine Ende am Strampler festgemacht wird und das andere am Schnuller, damit wir ihn zumindest nicht so weit wegspucken können, aber bei dieser Kette besteht ständige Selbstverletzungsgefahr. Das findet Papa auch nicht gut. Er hatte daher eine geniale Idee, wie er fand. Er hat die bunte Schnullerhaltekette oben an dem Spielgestell festgemacht und den Schnuller daran runterhängen lassen. Felicitas hat er einfach unten druntergelegt und ihr den Schnuller, weil sie sich mit Gequengel beschwerte, dass sie nicht mehr sitzen durfte, in den Mund gestopft.

Felicitas war nun ziemlich verwirrt, denn sie konnte nur Schnuller lutschen, solange sie den Kopf ganz gerade hielt. Sobald sie ihn ein bisschen zur Seite drehte, rutschte ihr der Schnuller aus dem Mund, da er ohne jeden Spielraum gerade von oben herunterhing. Mama meinte daraufhin, dass Papa ein Rabenvater sei. Das arme

Kind. Er solle sofort seine Rabenvaterschnullerbefestigungsanlage wieder demontieren.

Was tut man nicht alles, wenn man ein gedul-
diger Papa ist. Papa demontierte und gab Felicitas stattdessen eine Beißkette. Da wir beide so
eine Kette noch nicht richtig festhalten können und
unseren Mund oft nicht treffen, wenn wir sie in
den Mund stecken wollen, hat er die Kette einfach
Felicitas so übers Gesicht gelegt, dass das untere
Ende automatisch in ihren Mund ragte. Wollt ihr
raten, was Mama davon gehalten hat?

Als hätte das nicht schon ausgereicht, entdeckte
sie im gleichen Moment auch noch den Hasen, der
an den Ohren am Spielgestell festgeknotet war,
und den kleinen Rassel-Hund, der im Würgegriff
von einer Klammer ebenfalls dort festgehalten
wurde. Mama hielt von alldem rein gar nichts
und setzte ihre Meckertour fort.

Sie sei einfach unkreativ, viel zu gluckig und
spießig, war Papas Kommentar gerade eben am
Reklamationswickelschalter (Wickeltisch) dazu,
und wir haben ihm recht gegeben. Sie kann einem
manchmal wirklich jede Laune verderben und
unnötig alles verkomplizieren.

Mit harter Arbeit, viel Konzentration und besonders liebem Babylachen von uns beiden gleichzeitig haben wir es übrigens inzwischen geschafft,
unseren Eltern unsere weisen Erkenntnisse doch
einigermaßen zu übermitteln. Gestreite gibt es

seitdem nur noch gelegentlich und meistens ein aufmerksam liebevolles Miteinander.

Ansonsten hat sich auch als wirkungsvoll erwiesen, wenn wir beide gleichzeitig einfach schneller als unsere Eltern anfangen zu schreien und dann die Augenbrauen zusammenziehen und besonders böse gucken. Unsere Eltern fühlen sich dann ›ertappt‹. In genau dieser Sekunde schalten wir dann wieder um auf süßes Babylachen, und dann lachen sie automatisch mit und geben doch wieder der Liebe den Vorzug. Wir zwinkern uns dann zu und wenden uns wieder der Holzrassel mit den vielen tollen Bimmeln zu.«

Veröffentlichungen von Bärbel Mohr und Manfred Mohr

Bestellungen beim Universum, Omega, Aachen, 1998

Bestellungen beim Universum, Hörbuch, Axent, Augsburg, 1999

Der kosmische Bestellservice, Omega, Aachen, 1999

Nutze die täglichen Wunder, Koha, Burgrain, 2001

Dem Teufel sei Dank, Wu Wei, Schondorf, 2001

Reklamationen beim Universum, Omega, Aachen, 2001

Der Skeptiker und der Guru, Omega, Aachen, 2002

Der Wunschfänger-Engel, (mit Dieter M. Hörner) Nietsch, Freiburg, 2004

Jokerkarten für Bestellungen beim Universum, Omega, Aachen, 2004

Neue Dimensionen der Heilung, Ullstein, Berlin, 2006

Neues vom Wunschfänger-Engel, (mit Clemens Maria Mohr), Nietsch, Freiburg, 2005

Veröffentlichungen 251

Lichtkinder, Buch und Kartenset, Koha, Burgrain, 2005

Die Mohr-Methode (mit Clemens Maria Mohr), Buch, Kartenset und CD, Koha, Burgrain, 2005

Max und Leander – Die Superstars, Rotblatt, Viersen, 2006

Mein Wundertagebuch, Koha, Burgrain, 2006

Übungsbuch zu den Bestellungen beim Universum, Omega, Aachen, 2006

Das Universum, das Wünschen und die Liebe, Buch und Hörbuch, Ullstein, Berlin, 2007

Sex wie auf Wolke 7, Koha, Burgrain, 2005

Wunschkalender 2007 – 2011, (mit Pierre Franckh), Koha, Burgrain, 2006

Fühle mit dem Herzen und du wirst deinem Leben begegnen (mit Manfred Mohr), Buch und CD, Koha, Burgrain, 2007

Shopping-Guide für inneren Reichtum, Ullstein, Berlin, 2009

Mama, wer ist Gott?, Nietsch, Freiburg, 2007

Bärbel Mohrs Cosmic Ordering, Ullstein, Berlin, 2008

Cosmic Ordering. Die neue Dimension der Realitätsgestaltung (mit Manfred Mohr), Koha, Burgrain, 2008

Aktiviere das ewig Heile in dir, CD, Koha, Burgrain, 2008

Große Krise – große Chance, Koha, Burgrain, 2009

Lieferungen vom Universum, Omega, Aachen, 2009

Arbeitslos und trotzdem glücklich, Koha, Burgrain, 2009

Zweisam statt einsam, Koha, Burgrain, 2009

Zweisam statt einsam, DVD, RiWei, Regensburg, 2009

Bestellungen aus dem Herzen (mit Manfred Mohr), Omega, Aachen, 2010

Die 21 goldenen Regeln, Ullstein, Berlin, 2010

Die 5 Tore zum Herzen, Manfred Mohr, Koha, Burgrain, 2011

Das Wunder der Selbstliebe (mit Manfred Mohr), Gräfe und Unzer, München, 2011

Jetzt auf

Kosmisches Bestellen mit Bärbel Mohr

BÄRBEL MOHR
Cosmic Ordering
Universelles Wünschen
€ [D+A] 24,95 / sFr 47,50
ISBN 978-3-7934-2137-5

Wie die Bestellungen beim Universum funktionieren, was man beachten muss und was hinter dem Bestell-Prinzip steckt.

Jetzt auf

Der Sensationserfolg aus den USA jetzt in den deutschen Kinos

LOUISE L. HAY
You Can Heal Your Life
Der Film
€ [D+A] 24,95 / sFr 47,50
ISBN 978-3-7934-2157-3

Unter der Regie von Hollywood-Regisseur Michael Goorjian entfaltet sich in großartigen Bildern die Geschichte einer spirituellen Sucherin, die mit Louise L. Hay zu einem neuen Leben findet.

Die 21 wichtigsten Regeln für alle Besteller beim Universum

BÄRBEL MOHR
Die 21 Goldenen Regeln
Wie Ihre Bestellungen beim
Universum sicher ankommen
Geb. € [D] 12,95
€ [A] 13,40 / sFr 23,90
ISBN 978-3-7934-2193-1

Diese goldenen Regeln enthalten die Essenz sämtlicher Bücher von Bärbel Mohr mit zahlreichen Tipps und Übungen.